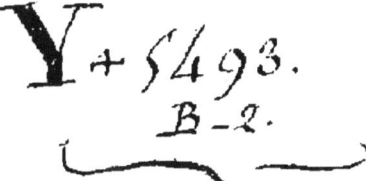

IDÉES
SUR
LE GESTE
ET
L'ACTION THEATRALE.

IDÉES
SUR
LE GESTE
ET L'ACTION THÉATRALE;
PAR M. ENGEL.
DE L'ACADÉMIE ROYALE DE BERLIN;

Suivies d'une Lettre, du même Auteur, sur la Peinture musicale.

LE TOUT TRADUIT DE L'ALLEMAND.

Avec trente-quatre Planches.

TOME SECOND.

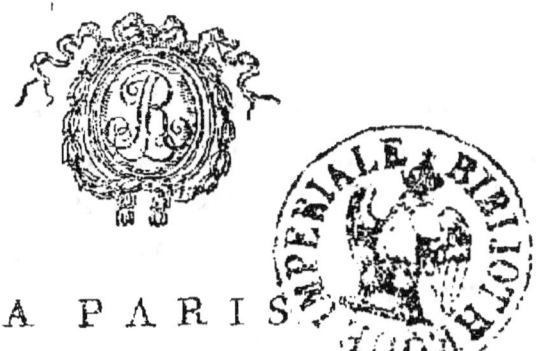

A PARIS,

Chez H. J. JANSEN et COMP., Imprimeurs-Libraires, Place du Muséum.

L'AN TROISIÈME DE LA RÉPUBLIQUE FRANÇOISE.

IDÉES
SUR
LE GESTE
ET L'ACTION THÉATRALE.

LETTRE XXVIII.

Vous avez fans doute oublié le contenu de plufieurs de mes précédentes lettres, puifque vous me demandez pourquoi je n'ai fait qu'une mention générale de la peinture relativement à l'art du gefte & de l'action théatrale ; pourquoi j'ai parlé de la poffibilité du mélange de geftes pittorefques & expreffifs, tandis que je parois vouloir profcrire toute imitation des objets qui frappent les fens, & exiger fimplement qu'on exprime les fentimens dont ces objets affectent l'ame ? Je demanderai à mon tour : faut-il que l'expreffion & la peinture foient toujours en oppofition fans jamais pouvoir fe réunir ? Ne pourroit-il pas y avoir des circonftances où elles fe combinaffent entièrement ou en partie, & n'y en a-t-il pas même plufieurs où elles fe confondent parfaitement ensemble ? Moi - même n'ai - je pas cherché plus d'une fois à diriger votre attention vers ces objets ?

Dans ma douzième lettre, où il a été question du jeu de l'admiration, j'ai dit formellement que l'expression du sentiment intérieur s'y confondoit avec la peinture de l'objet offert aux sens ; parce que dans l'admiration, l'ame, occupée entièrement de la représentation de son objet, cherche à s'y assimiler, & que parconséquent l'expression analogue à sa situation devient d'elle - même l'imitation & la peinture de cet objet. Cela m'a servi à vous expliquer pourquoi l'admiration de quelque chose de grand dilate la poitrine, & fait aussi agrandir tout le corps, & ouvrir les yeux & la bouche ; tandis que celle du sublime fait que toute la figure de l'homme s'élève. J'ai remarqué en passant, dans ma huitième lettre, que souvent le spectateur fortement ému, & entraîné par l'intérêt que lui inspire la représentation d'une pièce de théâtre, imite les mines & même les mouvemens des acteurs, en partageant alternativement leur tristesse ou leur joie, tant que des sentimens personnels & contraires ne croisent pas ces impressions extérieures. Enfin, dans ma vingtième lettre, je vous ai fait obferver, au fujet de la fympathie morale, excitée par des caractères nobles, fermes & fublimes, ou par des actions, qui annoncent de la grandeur, du courage ou l'amour de l'humanité, que ces fentimens réveillent en notre ame la noble fierté, la chaleur de l'enthoufiafme, ou la douce fenfibilité de notre héros, & qu'on adopte l'air, qu'on imite les geftes & les mouvemens qu'on fuppofe à l'objet qu'on chérit ou qu'on admire. Il me paroît inutile de prouver ici la juftefle de ces obfervations, que vous avez déja reconnue tacitement; je puis donc établir pour règle, que toutes les fois que l'ame, occupée entièrement d'un objet, ne peut, dans la repréfentation de cet objet, diftinguer fon *moi* individuel; c'eft-à-dire, (pour m'exprimer d'une manière plus concife) dans tous les fentimens homogènes, la peinture eft permife, parce que ne pouvant être féparée de l'expreffion, elle fert à rendre celle-ci.

Cette règle, ainfi que vous le voyez, fe rapporte à la première caufe d'imitation; c'eft-à-dire, à la vivacité de la repréfentation. J'ai défigné, comme la seconde cause de ce jeu, le dessein d'exciter dans l'ame de l'interlocuteur une idée vive & frappante. Lorsque ce dessein, comme cela arrive souvent dans des récits ou dans l'instruction, est simplement une intention froide & tranquille, ou lorsque lui seul, dans le moment actuel, remplit & échauffe l'ame; alors, en vertu de la règle que je viens d'établir, le geste pittoresque est permis; car il ne se trouve ici aucune collision entre ce geste & l'expression. Dans le premier cas, il n'existe aucun sentiment qui tende à s'exprimer; dans le second, c'est un sentiment homogène, & parconséquent de la classe de ceux qui ne peuvent se satisfaire que par l'imitation. Cependant quand l'ame d'un interlocuteur est remplie d'un sentiment individuel, même de l'espèce de ceux dont l'expression en détruiroit la peinture, sinon entièrement, du moins en le modifiant jusqu'à la rendre méconnoissable, alors la peinture complette peut encore devenir un jeu très-exact; en supposant que le sentiment ne soit pas trop vif, & que, pour son propre intérêt actuel, il se subordonne volontiers au dessein de représenter l'objet par imitation. Par exemple, l'expreffion du déplaifir & du mépris qu'infpire une manière imbécille de fe tenir avec les joues & lèvres pendantes, ne peut pas trop bien fe réunir à l'imitation de cette attitude même; mais lorfque ce déplaifir n'eft pas trop vif, le précepteur, en cherchant à le maîtrifer, tâchera de repréfenter à fon élève l'attitude ignoble avec toute la fidélité poffible; & fi cette imitation fert à corriger celui-ci, elle deviendra le moyen de fatisfaire le fentiment de déplaifir dont le précepteur eft animé. Cette obfervation peut vous fervir à déduire la feconde règle. Le jeu pittorefque eft le feul vrai, ou du moins il eft irrépréhenfible par-tout où le deffein d'exciter des idées plus vives de certains objets domine, ou lorfque le fentiment individuel de l'interlocuteur cède volontairement, parce que ce n'eft qu'en rempliffant ce deffein, qu'il peut uniquement fe fatisfaire. Il arrive quelquefois que le jeu convenable au deffein eft dans la plus parfaite harmonie avec celui du fentiment, & qu'il en réfulte une repréfentation fi complettement fidelle, qu'on croiroit le fentiment homogène, & toute l'ame de l'interlocuteur, sans distinction de son *moi* individuel, fondue dans l'idée de l'objet. Dans ce cas se trouve celui qui se plaint avec feu au juge d'une insulte faite à son honneur & à sa réputation : il imite avec la plus grande vivacité le ton fier & insolent, la colère & le mépris humiliant de celui qui l'a offensé ; non pas, comme on pourroit le croire, pour donner au juge une idée exacte de l'événement, & pour le convaincre de la justice de sa plainte, mais principalement à cause de la satisfaction qu'une pareille imitation procure à la passion dont il est animé. Car la fierté, la colère & le mépris de son ennemi excitent ces mêmes sentimens en lui-même.

Il en est souvent du mélange de l'expression & de la peinture en pantomime comme de l'art de la peinture même, qui a l'apparence de ce qu'il n'est pas au fond ; & en l'examinant avec attention, on trouve que ce n'est que la réunion de plusieurs expressions, dont l'une paroît être la peinture, parce qu'elle appartient à un sentiment homogène. C'est-là le cas de l'amant qui, charmé de la taille majestueuse, du port plein de noblesse & de grace, du regard doux & fier de fa maîtreffe, eft tellement attaché à la repréfentation de ces qualités, qu'il cherche à s'en approprier quelque chofe. Il imitera ce port noble & majeftueux ; mais malgré cette expreffion en apparence pittorefque, on reconnoîtra toujours l'amant à la langueur de fes regards, à fa bouche doucement entr'ouverte, & au fourire fugitif qui erre fur fes lèvres & fur fes joues. Et de cette manière il fe produit une efpèce de mine & de gefte bâtards, une expreffion qui reffemble beaucoup à celle de la clémence, parce que la dignité & la fierté de l'objet aimé s'y réuniffent à la tendreffe & à l'attachement refpectueux de l'amant.

La réunion de l'expreffion & d'une peinture proprement dite a lieu quand cette dernière s'exécute avec le deffein d'exciter dans l'ame de l'interlocuteur quelque idée frappante intuitive, & lorfque ce deffein exige un jeu différent de celui du fentiment, quoique l'un & l'autre foient à-peu-près d'une égale vivacité. Dans ce cas l'expreffion & la peinture peuvent ou être réunies dans le jeu du gefte & des mines, ou leur réunion n'eft pas poffible. Cette impossibilité aura lieu toutes les fois que les mêmes moyens doivent rendre l'une & l'autre, & elle ne subsistera plus lorsque le moyen propre à l'expression n'est pas celui par lequel s'opère l'imitation de l'objet. Supposons qu'un railleur s'amuse aux dépens d'un boiteux, ou d'un homme qui, à un embonpoint excessif, joint une démarche vacillante, ou tel autre vice de conformation, dont l'imitation ne met pas en action les instrumens du rire : pourquoi, en réunissant la peinture à l'expression, ne riroit-il pas aux éclats, lorsqu'il représente la corpulence & la lourdeur d'un *Fallstaff* par des mains & par un ventre gauchement portés en avant, par des jambes fortement écartées, avec des pieds tournés en dedans (1) ? Il est facile de voir que ce n'est pas-là le cas où se trouve le précepteur dont j'ai parlé plus haut „ & à qui le retour fréquent de la même faute commise par son élève a déja trop déplu pour qu'il puisse imiter fidellement l'attitude imbécille de celui-ci, en conservant néanmoins le desir de le corriger & de l'hu-

---

(1) Voyez Planche XXIV.

XXIV.

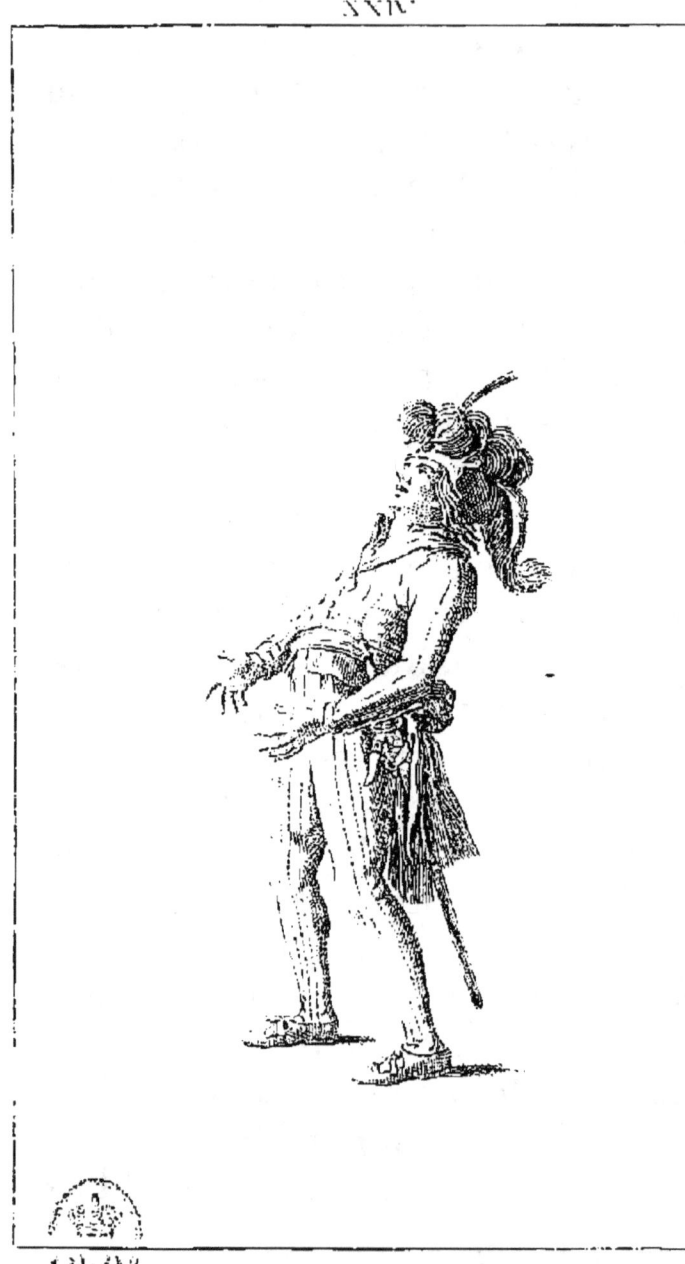

milier par une représentation frappante de son maintien gauche & ridicule. Ici une réunion complette de l'imitation avec l'expression du déplaisir est impossible; car les moyens de les rendre sont absolument les mêmes : il faudra donc en sacrifier une partie, & en les dénaturant réciproquement, chercher à les rapprocher par une attitude moyenne qui ne sera exactement ni l'une ni l'autre. Notre précepteur rendra donc sa bouche béante, mais en grimaçant, sa lèvre inférieure sera pendante, en même-tems qu'elle se trouvera un peu tirée vers les angles de la bouche; sa tête tombera en avant, mais avec plus de force ; ses yeux clignoteront, tandis que ses sourcils rapprochés & les plis de son front dévoileront sa colère. En un mot, tout son visage deviendra une véritable caricature dans laquelle on remarquera clairement qu'à l'imitation d'une attitude qui lui est étrangère, se joignent les traits de la raillerie & de la mauvaise humeur, propres au personnage.

Aucun des cas que je viens d'indiquer n'a lieu, lorsque l'ame n'est pas suffisamment occupée de la contemplation d'un objet, pour que la peinture se confonde avec l'expreſſion ; quand le deſſein de rendre cet objet intuitif ne domine pas, & lorſque ce deſſein ne ſe ſoutient pas avec un degré ſenſible de vivacité à côté du ſentiment que l'ame éprouve : alors non-ſeulement la peinture pure & ſimple, mais auſſi le mélange du jeu pittoreſque & expreſſif doivent être rejettés ; car dans tous ces cas la peinture eſt en contradiction avec la ſituation de l'ame, & elle n'eſt ni analogue, ni phyſiologique, ni déterminée par aucun deſſein. D'après ces principes, jugez vous-même, ſi, dans ma dernière lettre, j'ai eu tort de blâmer le jeu de l'acteur dans le rôle d'*Hamlet*, celui du tragédien Baron, & celui de l'actrice dans le rôle de la préſidente de *Mariane*. Les paſſages dont il y a été queſtion n'avoient pas beſoin d'un commentaire pantomime pour devenir intelligibles ; les perſonnages ne pouvoient pas avoir le deſſein d'animer juſqu'à la plus parfaite intuition l'idée qu'ils vouloient communiquer des objets de leurs ſentimens, ce que d'ailleurs la nature de ceux-ci ne pouvoit pas leur permettre ; car leur expreſſion différoit non-ſeulement du jeu pittoreſque, mais elle lui étoit même totalement oppofée dans les trois situations que j'ai citées.

Mais quels font donc les cas, me demanderez-vous, où l'ame eft réellement toute entière occupée de fon objet ? Quels font ceux où le deffein de communiquer une idée vive & frappante domine exclufivement, & fubfifte avec une force à peu-près égale au fentiment ? Celui qui propofe de pareilles queftions, vous répondrai-je, demande de la théorie du gefte & de l'action théâtrale plus qu'elle ne peut donner : il exige des inftructions fi précifes & fi déterminées, qu'en difpenfant l'artifte de toute étude perfonnelle, elles le ravalleroient au rang d'un fimple ouvrier mécanique. En ceci la règle ne peut que développer le fens naturel dont l'artifte doit être doué, lui faciliter les moyens de parvenir à des idées nettes fur les points difficiles de fon art, réveiller fon génie affoupi, ou le ramener des fauffes routes, & l'aider à réfoudre les cas douteux avec autant de célérité que de certitude. Au refte, on pourroit encore donner quelques inftructions plus particulières ; par exemple, que l'acteur ne doit fe permettre l'expreffion d'aueune idée, ni d'aucun sentiment, que son discours annonce comme étranger à son ame ; ensuite, qu'il doit se garder, sur-tout dans les métaphores, de s'attacher à des qualités, qui, n'appartenant pas à la comparaison, n'ont aucun rapport ni à l'idée, ni au sentiment qui domine dans l'ame. Lorsque *Freeport* dit à *Lindane* : « Mademoi- » selle, je ne vous aime pas du » tout (1) », ne seroit-il pas ridicule que sa physionomie exprimât une langueur douce & tendre ? Ou le jeu d'*Antoine* ne paroîtroit-il pas pitoyable, si, lorsqu'il dit au peuple romain, que César a refusé la couronne qu'il lui avoit offerte, il prononçoit le mot couronne en dirigeant l'index vers la terre pour en représenter la forme par un cercle tracé en l'air ? Il seroit bien plus ridicule, si en appellant César même la couronne de tous les héros, il s'avisoit de se servir de la même peinture. Des fautes de ce genre paroissent peut-être trop grossières pour qu'il soit besoin d'en avertir les acteurs ; cependant combien n'en

---

(1) *L'Ecossaise*, *Acte II*, *Scène 6*.

est-il pas, qui, fiers de leur goût & de leur prétendues connoissances, commettent des contresens bien plus graves ? N'auriez-vous jamais entendu un de ces rhapsodes modernes, qui déclament leurs productions ampoulées en gesticulant sans cesse, & en peignant chaque expression figurée, souvent d'une manière si comique, qu'un Crassus, qu'un Caton, auroit eu de la peine à ne point rire en les écoutant ?

Dans la scène d'*Emilie Galotti* (1), où *Odoardo* dit à *Orsine*: « Ne dé- » layez pas cette goutte de poison dans » un tonneau » ! Il est visible qu'il doit ressentir la plus vive impatience du desir ; il n'est pas moins clair, que dans cette situation le jeu de ce personnage ne doit exprimer que cette impatience, & qu'il lui est parconséquent impossible de trouver assez de tems pour indiquer à la comtesse par une peinture détaillée de cette métaphore tout ce qu'il trouve d'odieux dans sa conduite. Cependant je me souviens d'avoir vu un acteur dans le rôle d'*Odoardo*, (c'étoit à la vérité

---

(1) *Acte IV*, Scène 7.

sur les tréteaux de la foire, auprès desquels la curiosité m'engagea à m'arrêter) qui s'efforçoit à rendre ce langage figuré, devinez par quels moyens ? D'abord, observateur exact de la règle prescrite par Riccoboni, il leva méthodiquement le bras droit, rapprocha l'index du pouce, & dirigea ensuite l'un & l'autre vers la terre, comme s'il en eût fait découler quelque chose : ce jeu devoit désigner la goutte de poison (1). Puis, étendant, après ce premier geste, les bras & les mains avec les doigts fortement écartés, il sembla vouloir embrasser quelque chose d'une grande circonférence ; & c'étoit là, selon lui, la peinture du tonneau (2). Ne croyez pas que je m'amuse à inventer ce conte pour vous faire rire ; vous connoissez vous-même un acteur, qui, lorsqu'il joue le rôle d'*Odoardo*, se frappe à grands coups de poing sur le ventre toutes les fois qu'il prononce le mot tonneau : & cette faute est-elle moins ridicule, ou plus pardonnable que l'autre ?

Ceci, mon ami, peut suffire au dé-

---

(1) Voyez Planche XXV, fig. 1.
(2) Voyez Planche XXV, fig. 2.

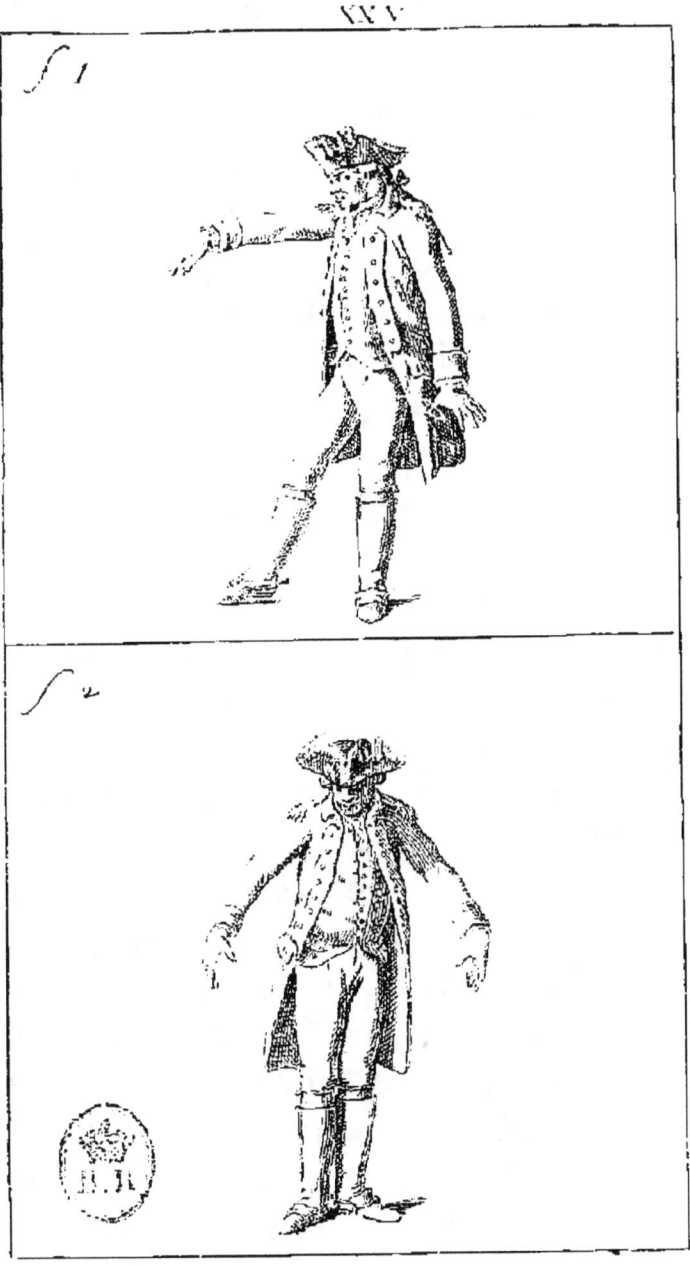

veloppement de la règle donnée par Quintilien ; & fervira, en même tems, de réponfe à votre première queftion ; favoir, fi cette règle ne banniroit pas toute efpèce de peinture de la fcène ? Dans la lettre fuivante, je répondrai à celle qui concerne les repréfentations des fujets pantomimes.

LETTRE XXIX.

D'APRÈS ce que j'ai dit au commencement de notre correfpondance, vous ne me foupçonnez pas d'être trop prévenu en faveur de la pantomime ; cependant vous voulez que je la regarde comme un genre poffible de repréfentations théâtrales ; genre qui, dès fon origine, & depuis fon rétabliffement par le célébre M. Noverre, a eu le fuccès le plus décidé. Il vous paroît donc que je ne puis me difpenfer de parler de la pantomime, puifque, privée du fecours de la parole, elle eft entièrement dépendante de l'art du gefte ; mais à votre avis la règle établie pour l'acteur ne peut s'étendre au pantomime, parce que celui-ci, selon mon propre aveu, ne peut nullement se passer de certains signes de convention pour peindre les objets de ses sentimens.

Il me semble que j'aurois dû ajouter à cette remarque que le pantomime a réellement besoin de pareils signes, lorsqu'il s'impose la nécessité de faire connoître des objets, dont les spectateurs n'ont aucune idée ; c'est-à-dire, lorsqu'aspirant au titre de poëte créateur, il veut inventer lui-même ses sujets, leurs intrigues & leurs dénouemens ; car, en effet, il est peut-être possible qu'il y en ait où la pantomime peut éviter toute peinture contraire à l'expression ; & c'est une autre question que de savoir, s'il doit jamais choisir des sujets où il ne puisse pas l'éviter.

Il y a des événemens dans la vie qui, par tous leurs symptômes, ont des propriétés caractéristiques, & qui sont si généralement connus, qu'en les voyant représenter en pantomime, on n'a pas besoin de demander quel est l'objet qu'on cherche à imiter. Vous vous rappellez sans doute cette farce pantomime à laquelle assistèrent les Anglois dans une des îles

de

de la Société dans la mer du Sud (1), qui, à la vérité, ne pouvoit être représentée que chez un peuple aussi peu corrompu & aussi peu civilisé que le sont ces insulaires; & vous vous ressouvenez aussi d'avoir lu les descriptions des danses guerrières des Américains sauvages, dans lesquelles ils représentent en pantomime à leurs spectateurs tous les événemens connus d'une expédition de guerre : la marche, l'attaque, le combat, la manière de faire des prisonniers & la retraite (2). Pendant toute la durée d'une pareille danse

―――――――――――

(1) *Voyage autour du Monde*, par Forster, T. II, p. 107 de la traduction françoise.

(2) Charlevoix, *Histoire de la Nouvelle France*, T. III, p. 297. « Il (le danseur) représente le départ
» des guerriers, la marche des campemens ; il va à
» la découverte, il fait les approches, il s'arrête,
» comme pour prendre haleine, puis tout-à-coup il
» entre en fureur, & l'on diroit qu'il veut tuer tout
» le monde ; revenu de cet accès, il va prendre quel-
» qu'un de l'assemblée, comme s'il le faisoit prison-
» nier de guerre ; il fait semblant de casser la tête
» à un autre, il couche un troisième en joue ; enfin,
» il se met à courir de toute sa force. Il s'arrête en-
» suite & reprend ses sens : c'est la retraite, d'a-
» bord précipitée, puis plus tranquille. Alors il ex-
» prime, par divers cris, les différentes situations où
» s'est trouvé son esprit pendant sa dernière campa-
» gne, & finit par le récit de toutes les belles actions
» qu'il a faites à la guerre ».

le guerrier a le-même deſſein ſoutenu, que l'acteur a quelquefois ſur la ſcène dans les récits & dans les deſcriptions qu'il fait ; c'eſt-à-dire, qu'il veut exciter dans l'ame des ſpectateurs les images de certains objets d'une manière frappante & intuitive. A la vérité, il peint alors, mais c'eſt avec le même droit que l'acteur : ſa peinture devient claire, parce que chacun ſait ce qu'il veut repréſenter, & parce que l'objet de ſon imitation ſe réduit préciſément aux mouvemens de ſon corps, qui lui ſervent de ſignes naturels, exactement comme les contours & les couleurs ſervent au peintre. Il n'a beſoin de ſignes de convention, que lorſqu'il veut déſigner des évenemens, qui, par euxmêmes, ſont différens des attitudes & des mouvemens de ſon corps, ou quand la ſignification & l'emploi de ceux-ci ne ſont nullement connus de ſes ſpectateurs.

Les ballets pantomimes ou d'action du genre comique que l'on donne communément après les pièces de théâtre, ſont pour la plupart des imitations d'évenemens journaliers & très-ordinaires, qu'on peut comprendre ſans avoir beloin d'interprétation. Qui ne connoît pas les fêtes de la moisson & des vendanges, les scènes variées d'une foire, d'une guinguette ou d'un jardin public ? On peut représenter également en pantomime des sujets, qui, de même que la tragédie ou la comédie, ont leur intrigue & leur dénouement ; & pour l'intelligence du spectateur, il suffira d'exprimer avec exactitude les sentimens des personnages. Suposons qu'un berger s'enflamme subitement à l'aspect d'une bergère jeune & charmante ; il s'approche d'elle avec une tendresse respectueuse ; la timide pudeur engage la bergère à éviter ce nouvel amant ; elle quitte la scène ; après une courte absence elle reparoît, interdite en apparence, mais charmée en secret de le revoir ; il comprend ce prompt retour, & sensible à cette faveur, il dépose aux pieds de la bergère un ruban, un bouquet ou quelqu'autre marque de son amour. Son bonheur est encore incertain, tandis qu'un second amant les surprend ; une scène de jalousie se prépare, mais la conduite de la bergère prouve qu'elle n'a donné à ce rival aucun pouvoir sur son cœur. La bergère qui a de plus anciens droits sur celui de ce second amant arrive en-suite ; sa fierté, sa colère, sa tristesse, son abattement, engagent l'infidelle à re-prendre ses anciennes chaînes ; & la con-fusion, le repentir de ce dernier, joints aux bons offices du premier couple, lui font obtenir son pardon ; après quoi, pé-nétré de reconnoissance, il travaille à son tour au bonheur de son bienfaiteur.— Lorsque l'action commence, marche, & se termine de cette manière, quelle ob-scurité ou quelle ambiguité chacune de ces situations peut-elle offrir à l'esprit des spectateurs ? Le jeu des mines, les mouvemens & les attitudes des per-sonnages, leurs sentimens si naturels & si propres à l'homme suffisent pour les instruire, & personne ne s'avisera de demander l'explication d'un dénoue-ment dont chaque roman, ou les évé-nemens journaliers de la vie, offrent l'interprétation & l'exemple. Ici l'œil fait l'exposition du sujet, & le cœur en explique le récit.

Cependant la pantomime n'est pas essentiellement bornée à des actions ou à des événemens ordinaires & jour-naliers. Le père Lafiteau dit dans son ouvrage intitulé : *Des Mœurs des Sau-*

vages (1) : « Plusieurs de ceux qui ont vécu parmi les Iroquois m'ont assuré, que souvent après qu'un chef de guerre a exposé à son retour tout ce qui s'est passé dans son expédition & dans les combats qu'il a livrés ou soutenus contre les ennemis, sans en omettre aucune circonstance; alors tous ceux qui sont présens à ce récit se lèvent pour danser, & représentent ces actions avec beaucoup de vivacité, comme s'ils y avoient assisté, sans néanmoins s'y être préparés, & sans avoir concerté ensemble ». Vous voyez qu'ici il n'est pas nécessaire que les événemens soient du genre de ceux qui arrivent ordinairement à la guerre ; ils peuvent être accompagnés de telles circonstances que l'on voudra, pourvu qu'ils soient indiqués par les attitudes & par les gestes les plus vrais & les plus expressifs; alors chacun qui, attentif au récit de ces événemens, en aura imprimé la suite dans sa mémoire, comprendra aussi la danse depuis le commencement jusqu'à la fin, & à chaque nouvelle scène il

---

(1) *T. I, page* 523.

pourra indiquer le trait du récit qu'elle doit repréfenter.

Il en eft de même des fujets pantomimes qu'on exécute fur nos théâtres modernes. Quoique ce ne foit pas un événement commun ou une action journalière qu'on repréfente, il fuffira d'en connoître le genre, la caufe, la marche & le développement; de favoir le nom de la pantomime, ou de jetter un coup-d'œil rapide fur fon programme, & l'on ne trouvera plus de difficulté à fuivre les mouvemens & les attitudes des danfeurs, & à en faifir parfaitement le fens. Souvent même on n'aura befoin ni du nom, ni du programme du fujet; car les grouppes des perfonnages, & peut-être telle ou telle circonftance propre à une action déterminée, peuvent indiquer fur le champ l'événement qu'il s'agit de repréfenter. Il en fut ainfi fur le théâtre des anciens de la pantomime du fameux berger du mont Ida. Il fuffifoit de connoître les trois déeffes & les traits caractériftiques qui les diftinguoient entr'elles; il falloit feulement appercevoir le berger fur la montagne, & fur-tout la pomme d'or qui avoit allumé la jaloufie des trois rivales, pour que tout le monde fût instruit de ce qui devoit arriver. Rien ne pouvoit être équivoque ou inintelligible, foit dans les mines & dans les mouvemens de Junon, de Minerve & de Vénus, foit dans les différentes expreffions de Pâris, qui, d'abord frappé d'admiration, enfuite indécis, étoit enfin fubjugué par les charmes vainqueurs de la déeffe des amours. La même chofe arriveroit fur nos théâtres, s'il étoit permis de transformer en pantomimes les myftères ou les événemens de l'hiftoire-fainte. Tout le monde en eft inftruit, & celui qui verroit un homme avec une femme fous un arbre entouré d'un ferpent, comprendroit, fans la moindre difficulté, la fignification de tout le refte, même jufqu'à celle du chérubin armé de l'épée flamboyante. Clarke, fans favoir l'efpagnol, comprit néanmoins parfaitement toute la Paffion repréfentée fur le théâtre de Madrid (1).

Un examen très-fuperficiel vous convaincra que des fujets tels que je viens

---

(1) Voyez *Letters concerning the Spanish Nation*, by the Rev. Edward Clarke, L. 6.

d'en indiquer n'obligent aucunement le pantomime à s'écarter de la règle établie pour l'acteur. Ou le deffein d'animer l'idée de certains objets jufqu'au plus haut degré d'intuition domine dans l'ame du pantomime; (condition qui permet auffi à l'acteur la peinture la plus complette) ou tout le fujet eft parfaitement intelligible par la feule expreffion des fentimens; ou bien on le connoît d'avance par fon intrigue & par la marche de l'action : alors la feule vue & la férie des fentimens développés fucceffivement forment le récit, ou plutôt ils paroiffent le former ; car au fond c'eft le fpectateur qui fe le fait à lui-même. Or donc, fi dans tous ces cas le pantomime ne doit pas du tout s'occuper, ou du moins très-peu, à fe rendre intelligible au fpectateur, pourquoi ne s'attacheroit-il pas de préférence à donner aux fentimens dont fon ame eft pénétrée l'expreffion la plus forte & la plus animée? pourquoi chercheroit-il à défigner ce qu'il ne pourra jamais faire connoître, ou qu'il n'exprimera que d'une manière très-imparfaite, & en faifant à cet effet d'inutiles efforts, à facrifier entièrement, à négliger, ou à affoiblir l'expreffion des affections de fon ame, qu'il pourroit néanmoins rendre fi facilement ?

En comparant entr'eux les fujets des anciennes pantomimes, dont il nous eft parvenu des notions, & fur-tout en lifant la longue lifte que Lucien nous en a donnée, je trouve que cet art ne s'eft jamais occupé à inventer des fujets, mais qu'il en a toujours pris dans la fable, dans la mythologie ou dans l'hiftoire des premiers tems, & qui étoient affez connus par la tradition. Cette circonftance rend tout le merveilleux que l'on raconte de l'adreffe d'un Pylade, d'un Bathyle & d'autres pantomimes poftérieurs très-faciles à concevoir ; tandis que fans cette circonftance, toute fimple qu'elle puiffe paroître, il feroit impoffible de s'en faire une idée. Les fpectateurs, du moins pour la plupart, favoient d'avance ce que ces célébres pantomimes vouloient indiquer & exprimer. Et la force de l'illufion volontaire pouvoit facilement les conduire à la fauffe conféquence, que le jeu feul des geftes & des mines leur communiquoit toutes les idées ; tandis que ces idées, affoupies depuis long-tems dans leur mémoire, n'avoient befoin, pour être réveillées, que de la plus foible impulsion. C'est ainsi qu'il faut expliquer, je crois, l'exclamation du Cynique Démétrius rapportée par Lucien (1), & l'anecdote du prince royal du Pont, qui pria Néron de lui faire préfent d'un pantomime, afin de pouvoir fe paffer d'interprêtes, en l'employant dans fes négociations avec les peuples barbares (2). Suppofé que la pantomime à laquelle ce prince affifta n'eût pas pour fujet une de ces actions communes, dont les premiers penchans de la nature humaine & des événemens journaliers pouvoient indiquer le fens ou faciliter l'intelligence, je ne vois décidément aucun moyen d'expliquer autrement cette anecdote fans m'égarer dans des difficultés infinies. Le jeu le plus parfait, fi dans le fens le plus ftrict il n'équivaloit pas au langage parlé (c'eft-à-dire, fi des fignes de convention in-

---

(1) Περι Ορχησεως *édit. Reiz. T. II*, p. 302. Λεγω, ανθρωπε, α ποιεις, ουχ ίρω μονον αλλαμοι δοκεις ταις χερσιν αυταις λαλειν.

(2) *Ibidem.*

variablement adoptés n'en fixoient pas les expreffions) ne pouvoit aucunement inftruire ce prince d'une action dont il n'avoit aucune connoiffance. Tout au plus ce jeu auroit-il pu le conduire à deviner au hafard le fujet de la fcène, mais il ne le lui auroit jamais indiqué avec clarté & avec certitude. Et fi le jeu du pantomime étoit réellement un langage, il s'élèveroit alors une nouvelle difficulté; car l'on ne fauroit fe faire une idée comment il auroit été intelligible pour ce prince fans que celui-ci en eût étudié les élémens. Sans doute, un pareil langage ne pouvoit pas confifter dans un affemblage de fignes arbitraires & pris au hafard, dont aucun objet extérieur ne motivoit ou ne modifioit l'emploi; car aucune langue quelconque ne s'eft formée, ni ne fe formera jamais de cette manière; cependant ce langage pantomime partageroit avec toutes les langues parlées l'inconvénient de devoir recourir à de certains fignes radicaux, & à des analogies, qui, en défignant également bien une foule d'objets, n'en indiquent aucun avec exactitude & précifion, & dont il eft impoffible de deviner la véritable fignification, à moins que de la connoître d'avance par l'inftruction ou par l'ufage. La langue que Rabelais fait parler à *Panurge* & à l'Anglois (1) pourroit être compofée de fignes bien choifis & convenablement adaptés, fans qu'elle n'en fût pas moins pour moi un galimathias inintelligible, quand même les expreffions & les tours de l'ancien dialecte françois me feroient très-familiers.

Saint Auguftin a déja dit à-peu-près la même chofe (2), en prouvant, par l'exemple des Carthaginois, combien il eft difficile de comprendre un langage formé de fignes dont on n'a pas étudié les élémens. Il raconte que, lors de l'établiffement des pantomimes à Carthage, il avoit fallu qu'un interprête en expliquât les fignes aux fpectateurs. Il refte d'ailleurs à favoir fi au fond l'objet de cette explication n'étoit pas d'inftruire le public de fujets tirés de la fable ou de l'hiftoire, & repréfen-

---

(1) Voyez *OEuvres* de Rabelais, *T. I, ch. 16. Comment Panurge fit quinault l'Anglois*, qui arguoit par fignes.

(2) *De Doctr. Chrift. L. II, c. 24. Quia multis modis fimile aliquid alicui poteft effe, non conftant talia figna inter homines, nifi confenfus accedat.*

tés fur la fcène, ainfi que de rendre les fignes & les attitudes des danfeurs intelligibles par la connoiffance des fujets, plutôt que de faire comprendre ceux-ci par la fignification des premiers ; car je ne puis me former aucune idée d'un affemblage de fignes, tel que celui des anciens pantomimes auroit dû être, & dont la richeffe auroit égalée celle des collections complettes de fignes généraux & particuliers qui forment nos langues modernes, & dont les différentes combinaifons peuvent fans ceffe exprimer & communiquer des penfées nouvelles & inconnues. Certes, un pareil langage ne fe crée ni ne s'apprend pas fort facilement.

LETTRE XXX.

LE pantomime des tems modernes n'a aucun avantage fur celui des anciens; car lorſque, renonçant à des actions communes & connues, il prétend exécuter des ſujets à intrigue de ſa propre invention, il ſe trouve dans l'alternative ou de peindre par des ſignes auſſi expreſſifs qu'il lui eſt poſſible de les créer, en laiſſant au haſard ce que leur ſignification vague & incertaine permettra aux ſpectateurs d'en ſaiſir, ou d'appeller à ſon ſecours l'interprête qui doit expliquer par la parole ce que le geſte, la mine & l'attitude ne peuvent exprimer complettement. M. Noverre rejette abſolument ce dernier moyen; ſuivant lui, l'art qui doit y avoir recours eſt encore dans ſon enfance, & ne fait que bégayer (1). Cet auteur ſe déclare égale-

---

(1) *Lettres ſur la Danſe & ſur les Ballets*, page 89 *de la ſeconde édition.* Sous le règne de Louis XIV, les récits, les dialogues & les monologues ſervoient d'interprètes à la danſe. Elle ne faiſoit que bégayer. Ses ſons foibles & inarticulés

ment contre l'emploi des signes pittoresques & incertains ; car quoiqu'il ne traite pas formellement cette matière, on peut cependant, autant que je m'en souviens, tirer cette conséquence du reste de son système.

D'abord il avoue, « que l'art de la » pantomime est plus borné de nos » jours qu'il ne l'étoit du tems d'Au- » guste ». J'y ajoute, que ce découragement ne doit être attribué qu'aux idées trop grandes & peut-être exagérées que nous nous en formons d'après les éloges ampoulés des anciens. » Il » est quantité de choses », continue-t-il, » qui ne peuvent se rendre intel- » ligibles que par le secours des gestes. » Tout ce qui s'appelle dialogue tran- » quille ne peut trouver place dans la » pantomime (1) ». Suivant moi, cela veut dire très-clairement : La pantomime n'a point d'autre langage que celui du sentiment, & il n'y a aucun moyen de rendre intelligible ce que l'expression de ce sentiment combinée avec

---

avoient besoin d'être soutenus par la musique, & d'être expliqués par la poésie, &c.

(1) *Lett. sur la Danse*, page 17.

l'aspect du personnage & de sa situation visible peut y laisser d'obscur ou d'incertain. Dans un autre endroit, où il critique le secours des paroles pour l'explication d'un ballet, & compare ceux qui en ont besoin à ces tableaux des premiers tems de la peinture dans lesquels les peintres se servoient de rouleaux de papier qui sortoient de la bouche des figures, & sur lesquels l'action, l'expression & la situation de chaque personnage se trouvoient écrites ; il expose les moyens d'ordonner les ballets de manière à rendre ce secours inutile ; & dans le nombre de ces moyens il n'est nullement question de la peinture des objets, ni des signes de convention dont les combinaisons pourroient former une espèce de langue proprement dite (1).

___

(1) *Page 85, 94*. Lorsque les danseurs, animés par le sentiment, se transformeront sous mille formes différentes avec les traits variés des passions ; lorsqu'ils feront des Protées, & que leur physionomie & leurs regards traceront tous les mouvemens de leur ame ; lorsque leurs bras sortiront de ce chemin étroit que l'école leur a prescrit, & que, parcourant avec autant de grace que de vérité un espace plus considérable, ils décriront, par des positions justes, les mouvemens successifs des passions ; lors-

Il résulte, à mon avis, très-clairement de ces passages, dont je pourrois multiplier les citations, que le premier maître de cet art & le meilleur auteur qui s'en soit occupé bannit de son théâtre tout ce qui n'est pas intelligible par l'expression même du sentiment. Mais quels sujets traitera-t-il, s'il rejette les actions communes & les événemens journaliers ? Il étoit permis aux pantomimes des anciens de prendre leurs sujets dans la religion, avantage dont ne jouissent pas les nôtres ; car de pareilles représentations déplairoient autant aux incrédules qu'aux dévots, quoique peut-être moins à ceux-ci qu'aux premiers. Il ne reste donc que le second moyen employé par les anciens ; c'est-à-dire, de mettre en pantomime sur la scène les ouvrages de poésie les plus connus, & de s'en rapporter, quant à l'exposition de la plupart,

---

qu'enfin ils associeront l'esprit & le génie à leur art ; ils se distingueront ; les récits dès-lors deviendront inutiles ; tout parlera, chaque mouvement sera expressif, chaque attitude peindra une situation, chaque geste dévoilera une intention, chaque regard annoncera un nouveau sentiment ; tout sera séduisant, parce que tout sera vrai, & que l'imitation sera prise dans la nature.

à la mémoire des spectateurs ; aussi l'opinion & les procédés de tous ceux qui ont cherché à porter la pantomime moderne à la perfection de l'ancienne, s'accordent parfaitement avec ce que je viens d'en dire.

L'abbé du Bos, dont il est inutile de citer le passage par lequel il prouve la nécessité de choisir pour la pantomime des sujets connus (1), nous raconte le premier essai qu'on fit à Paris pour la restauration de cet art à l'imitation des anciens. « Une princesse, » dit-il, « qui joint à beaucoup d'esprit naturel, » beaucoup de lumières acquises, & » qui a un grand goût pour les spec- » tacles, voulut voir un essai de l'art » des pantomimes anciens, qui pût lui » donner une idée de leurs représen- » tations plus certaine que celle qu'elle » en avoit conçue en lisant les au- » teurs. Faute d'acteurs instruits dans » l'art dont nous parlons, elle choisit » un danseur & une danseuse, qui vé- » ritablement étoient l'un & l'autre » d'un génie supérieur à leur profes-

―――――――――

(1) *Réflexions critiques*, *T. III*, *page 302. seq.* de la septième édition.

» sion, &, pour tout dire, capables d'in-
» venter. On leur fit donc représen-
» ter, en gesticulant sur le théâtre de
» Sceaux, la scène du quatrième acte
» des *Horaces* de Corneille, dans la-
» quelle le jeune *Horace* tue sa sœur
» *Camille*; & ils l'exécutèrent au son
» de plusieurs instrumens qui jouoient
» un chant composé sur les paroles de
» cette scène, qu'un habile homme
» (Mouret) avoit mises en musique,
» comme si on eut dû les chanter.
» Nos deux pantomimes novices s'a-
» nimèrent si bien réciproquement par
» leurs gestes & par leurs démarches, où
» il n'y avoit point de pas de danse trop
» marqués, qu'ils en vinrent jusqu'à
» verser des larmes. On ne demandera
» pas s'ils touchèrent les spectateurs (1).

M. Noverre a perfectionné cet essai, fait avec une seule scène, en mettant en pantomime toute la pièce de Corneille; & il a conseillé d'en faire autant avec d'autres drames; mais il exige qu'ils soient connus des spectateurs, parce que sans cette précaution essentielle les pantomi-

---

(1) *Réflex. crit.* T. III, page 312 & *suiv.*

mes pourroient n'être pas assez intelligibles. » Les pièces », dit-il, « dans les
» quelles jouoient Pylade & Bathyle,
» étoient généralement connues ; elles
» servoient, pour ainsi dire, de program
» me aux spectateurs, qui, les ayant gra
» vées dans la mémoire, suivoient
» l'acteur sans peine, & le devinoient
» même avant qu'il s'exprimât. N'au
» rons-nous pas les mêmes avantages »,
ajoute-t-il, « lorsque nous mettrons en
» danse les drames les plus estimés de
» notre théâtre ? Serions-nous moins
» bien organisés que les danseurs de
» Rome ? & ce qui s'est fait du tems
» d'Auguste ne peut-il se faire aujour
» d'hui ? Ce seroit avilir les hommes
» que de le penser, & dépriser le goût
» & l'esprit de notre siècle que de le
» croire (1) ».

J'ai voulu prouver par le sentiment
& par la propre méthode pratique du
premier maître connu dans cet art ce
qui résulte en effet de la nature de la
chose ; savoir, qu'il faut se garder de
choisir pour la pantomime des sujets

---

(1) *Lettres sur la Danse*, page 66.

inconnus; parconséquent aucun de ceux où la peinture & les signes sont absolument nécessaires pour leur exposition & pour celle de la situation des personnages, ainsi que pour indiquer la marche de l'action & le développement de l'intrigue. Je dis que la nature de la chose fournit la même conséquence; car puisque (comme personne ne peut en douter) les signes destinés à indiquer des objets absens & intellectuels conservent une très-grande obscurité, vu qu'ils consisteront presque toujours en peintures générales, vagues & équivoques, il est de toute impossibilité qu'avec leur seul secours un ouvrage puisse être parfaitement compris; & ce qui est inintelligible ne peut ni plaire, ni toucher, ni produire aucun de ces effets *esthétiques* (1), qui doivent être le

---

(1) Nous croyons devoir adopter ce terme, reçu par tous les savans d'Allemagne, pour désigner la *philosophie des beaux-arts, ou la science qui dérive de la nature du goût, non-seulement pour la théorie, mais aussi pour les règles pratiques des beaux-arts.* A proprement parler, *esthétique* signifie la *théorie des sensations*, lesquelles sont nommées Αισθησεις en grec. Les beaux-arts ont pour objet principal d'exciter un vif sentiment du vrai & du bon; ainsi leur théorie doit être fondée sur celle du sentiment obscur &

but de toutes les productions des beaux-arts. La magie imposante des tableaux formés sur la scène par les groupes des différens personnages, le goût, la richesse & la magnificence des décorations, la grace & la variété des mouvemens combinées avec l'accompagnement d'une symphonie harmonieuse ; toutes ces choses, dis-je, pourront attirer & flatter le spectateur ; mais il est absolument impossible que le sujet par lui-même, comme action dramatique, & comme développement de situations & d'événemens, puisse intéresser. Le charme qui en résultera ne sera que pour les yeux ; l'esprit n'y trouvera au-

---

des sensations. Baumgarten, professeur à l'université de Francfort sur l'Oder, fut le premier qui enseigna la philosophie des beaux-arts, qu'il appella *Esthétique*, d'après un système fondé sur des principes philosophiques. La doctrine de Wolff, de l'origine des sensations agréables, que ce philosophe a cru trouver dans le sentiment obscur de la perfection, lui servit de base. Dans la partie qui comprend la théorie, la seule que ce judicieux auteur ait publiée, il a épuisé tout ce qui concerne le beau & la perfection, en tant que les sens peuvent les saisir ; & à toutes les différentes espèces qu'il en a indiquées, il a opposé les espèces correspondantes de laideur. Cependant ses connoissances trop bornées des arts ne lui permirent pas d'étendre sa théorie au-delà de l'éloquence & de la poésie. *Note du Traducteur.*

cune jouissance, & le cœur demeurera vide. La règle de l'expression établie pour l'acteur reste donc aussi dans toute sa force pour le pantomime ; car, je le répète, dans tout sujet qui le dispense d'employer des peintures, il faut qu'il s'en garde soigneusement : cependant avec les restrictions & les exceptions indiquées plus haut ; & il ne doit jamais traiter ceux où ne pouvant s'en passer, il seroit forcé de leur sacrifier l'expression.

Lorsqu'il s'agit de traiter des sujets qu'on connoît déja, tout dépend alors de la marche & de l'ordre que le pantomime choisit. Car si dans l'exécution de chaque scène particulière il ne suit pas le conseil que M. Noverre donne à l'égard du plan général & de l'ensemble ; s'il ne rapproche pas les événemens (1) ; si, en ne réunissant pas les tableaux épars, il rend l'action lâche & traînante ; si marchant pas à pas sur les traces du poëte dans toute la progression de ses idées, il s'attache servilement à rendre par ses gestes chaque expression, chaque

---

(1) *Lettres sur la Danse*, p. 63. « Resserrez l'action, » retranchez tout dialogue tranquille, rapprochez les » incidens, réunissez tous les tableaux épars, & vous » réussirez ».

image & chaque tour de phrase, il perdra d'un côté tout l'avantage qu'il avoit gagné de l'autre. Le jeu du pantomime deviendra donc ennuyeux & inintelligible dans plusieurs de ses parties; car quel est le spectateur qui pourra se rappeller exactement toutes les expressions dont le poëte s'est servi ? Ce jeu consistera ou dans des répétitions d'expressions monotones, uniformes, ou du moins très-ressemblantes entr'elles; ou il s'égarera dans des peintures extraordinaires, insuffisantes, peut-être très-déplacées, & presque toujours nuisibles à l'expression, si elles ne la détruisent pas entièrement. Je dis très-déplacées; car une image, qui peut être grande, noble ou terrible à l'imagination, deviendra, rendue par la pantomime, souvent, ou presque toujours, basse, triviale & grotesque. Je ne sais si vous avez jamais assisté au *Ballet des Horaces* de M. Noverre, dont on nous donna un jour une esquisse fort maladroitement exécutée. Quel galimathias ne rassembla-t-on pas pour exprimer le passage où *Camille* maudit son frère, sa patrie & tous les citoyens romains ! Rien ne peut être plus pitoyable que la manière dont on rendit ces vers :

Qu'elle même (Rome) *sur soi renverse ses murailles,*
Et de ses propres mains déchire ses entrailles (1).

Mais l'ignorance & le mauvais goût se montrèrent sur-tout dans la peinture d'une pensée que l'auteur de ce ballet ne dût probablement qu'à son génie, & dont le sens étoit sans doute : « Puisse la terre engloutir Rome » ! Cette idée est non-seulement noble & grande par elle-même, mais en même-tems terrible pour l'imagination : on croit voir un gouffre immense & profond s'entr'ouvrir comme la gueule d'un monstre effroyable, pour ensevelir dans ses entrailles tout un peuple puissant. Mais combien cette image parut basse & ridicule dans la peinture pantomime, & combien l'exécution en fût dégoûtante ! D'abord la danseuse montra le fond de la scène, (apparemment pour indiquer la place où il falloit supposer la ville de Rome) ensuite elle agita avec vivacité sa main dirigée vers la

---

(1) *Les Horaces*, Acte *IV*, Scène 5.

terre, après quoi elle ouvrit subitement, non pas la gueule d'un monstre, mais sa petite bouche, & y porta, à plusieurs reprises, son poing fermé, comme si elle eût voulu l'avaler avec la plus grande avidité (1). La plupart des spectateurs éclatèrent de rire, tandis que d'autres se trouvèrent embarrassés de deviner le sens de ce jeu inattendu; car en effet l'explication que je viens de donner de cette farce n'est que conjecturale, & il est très-possible d'en fournir une autre qui différeroit totalement de celle-ci.

Si jamais on pouvoit inventer un langage de gestes, qui méritât véritablement ce nom, ces imitations serviles de la langue parlée seroient regardées comme ces misérables traductions, dans lesquelles on cherche en vain le style de l'original, parce que le génie des deux langues y a été absolument négligé. Je crains fort que la représentation pantomime dont parle du Bos, n'ait, à cet égard, donné prise à la critique; du moins peut-on le soupçonner, puis-

_____

(1) Voyez Planche XXVI.

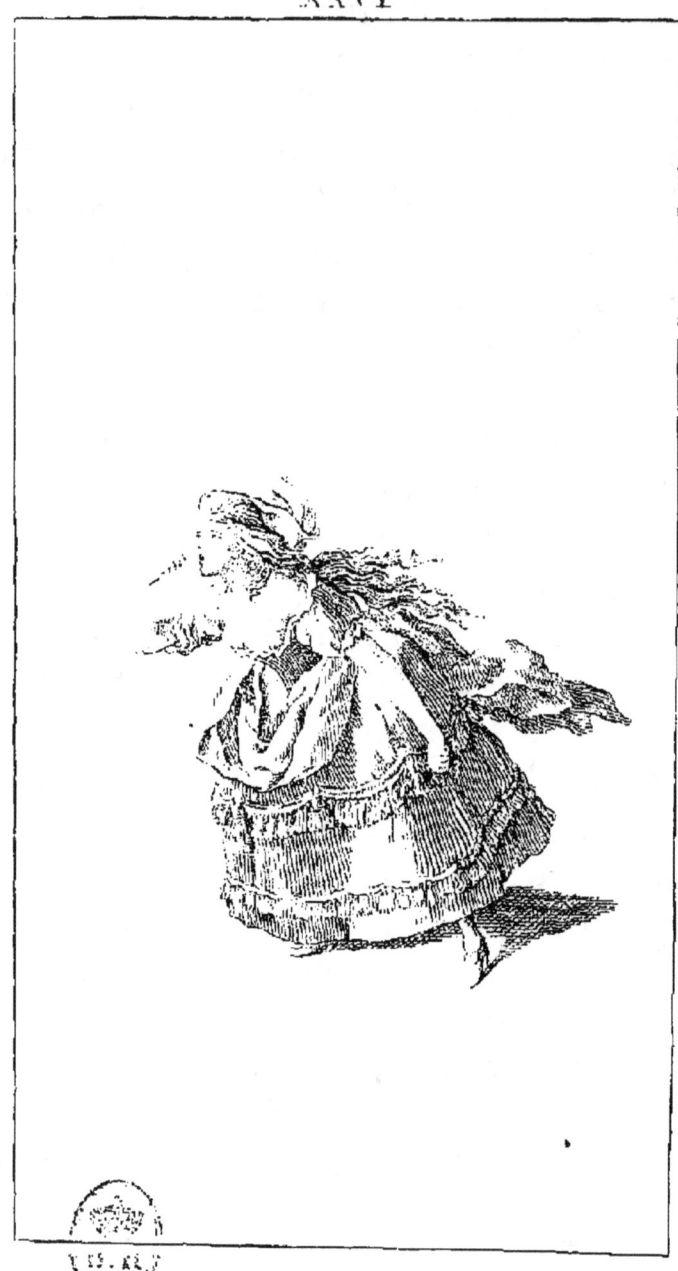

qu'il est dit que Mouret ne composa pas sa musique pour les mouvemens des danseurs, mais pour les paroles de Corneille, comme si elles eussent dû être chantées. Au reste, comme l'idée en avoit été donnée par une princesse aimable & spirituelle, il a bien fallu que la critique se tut ; car vous n'ignorez pas, mon ami, qu'une belle femme, qui unit l'esprit aux graces, ne peut jamais avoir tort.

LETTRE XXXI.

CE n'est pas, ainsi que vous le pensez, d'après mes principes, mais d'après ceux de M. Noverre même, que j'ai suivi pas à pas, qu'il faudroit juger du peu de mérite de la pantomime ; conséquence qui vous paroît être le résultat de ma précédente discussion. Je ne demanderai pas si le point de vue sous lequel vous envisagez les représentations théâtrales pour en apprécier le mérite, n'est pas trop borné, & je me contenterai de vous faire l'aveu que toutes les conséquences par lesquelles vous semblez vouloir m'embarrasser me paroissent incontestablement vraies. Si le pantomime, en s'élevant au-dessus des sujets pris des événemens journaliers de la vie, est forcé de traiter des fables antérieurement connues, il en résulte la preuve la plus complette de l'impuissance & de la dépendance de son art, qui paroît n'avoir pas besoin du secours de la parole, sans pouvoir néanmoins s'en passer. De plus, les détails de chaque scène en particulier des chef-d'œuvres tragiques & comiques n'étant pas parfaitement connus de tous les spectateurs, le jeu de la pantomime restera dans plusieurs de ses parties toujours énigmatique pour le plus grand nombre; de sorte qu'il se présentera souvent des lacunes à l'égard de la suite & de la liaison des événemens. Enfin, si tout dialogue tranquille doit être supprimé pour resserrer davantage l'action & en accélérer la marche, alors le pantomime sacrifiera précisément ce qui charme le plus le connoisseur éclairé dans les représentations théâtrales ; savoir, la peinture complette des caractères avec le juste mêlange, & dans la proportion réciproque des affections

& des facultés de l'ame, le développement complet du jeu des passions, (dont les nuances ont souvent tant de finesse) ainsi que de leurs motifs & de leurs ressorts les plus secrets. — Malgré tous ces inconvéniens, la pantomime peut encore avoir des attraits : les sens peuvent s'enrichir de ce que l'esprit y perd ; & ce n'étoit certainement pas l'ame qui y gagnoit le plus chez les Romains, dont vous m'opposez l'amour poussé jusqu'à l'enthousiasme pour ce genre de spectacle.

Mais, continuez-vous, ne seroit-il pas possible de retrouver ce qui a été perdu de cet art, de créer avec le tems ce qui n'en a peut-être jamais existé ? Une langue formée de mines, de gestes & de mouvemens du corps feroit-elle une chose moins possible qu'une langue composée de sons articulés ?

En supposant, mon ami, que cela soit possible, il faudra convenir cependant que de nos jours les conditions, qui doivent favoriser la découverte d'une pareille langue pantomime, n'existent pas. Chaque idiome, autant que je le sache, doit sa première existence à une très-petite société d'hommes ; avant qu'il ne fe perfectionne dans une progreffion marquée, il en coûte des efforts incroyables au génie. Le befoin, qui eft le père de toutes les découvertes importantes, le crée & l'acheve. Mais à préfent que toutes les grandes fociétés font déja établies, le génie, quelles que puiffent être fon activité & fon audace, fera toujours effrayé par l'impoffibilité d'égaler par la pantomime la perfection des langues parlées, & il renoncera à tous les effais; la néceffité même d'un langage muet n'exifte plus, parce que les différens idiomes perfectionnés fur le globe fuffifent dans toutes les occafions où les hommes veulent fe communiquer leurs fentimens ou leurs idées. A moins donc que dans quelque coin ignoré de la terre il ne fe forme un nouveau peuple, qui, dès fon origine, foit conduit à fe fervir de fignes vifibles; que par un concours de circonftances heureufes, ce peuple ne parvienne à une certaine culture; qu'il ne continue fans relâche pendant plufieurs fiècles fes efforts pour fe rendre intelligible par les mouvemens du corps; à moins, dis-je, de toutes ces circonftances, l'exiftence d'un langage pantomime, qui puiffe entrer en comparaifon avec les langues parlées, n'eſt peut-être pas poſſible ; car quoique les hommes foient capables de donner dans toutes les folies, il n'eſt cependant pas croyable qu'un peuple accoutumé à l'uſage de la parole, comme le font toutes les nations connues, s'adonne, par un concert unanime de tous ſes membres pendant le cours de pluſieurs ſiècles, à apprendre une choſe parfaitement inutile, & dont aucun beſoin ne pourra jamais lui démontrer la néceſſité. Au furplus, il me paroît très-douteux que l'exiſtence des langues parlées puiſſe faciliter la découverte d'un langage pantomime ; au contraire, elle en deviendroit plus difficile ; car il eſt très-vraiſemblable qu'on chercheroit à créer ce langage d'après le modèle des idiomes exiſtans ; & ce feroit encore une grande queſtion que de ſavoir ſi les formes naturelles de l'un feroient auſſi celles des autres.

Mais je dois rétracter ici ce que je vous ai accordé plus haut ; favoir, que l'invention d'un langage pantomime eſt auſſi poſſible, auſſi facile que celle d'une langue parlée. Quant aux différens avantages que les ſignes qui frappent l'oreille ont fur ceux qui affectent l'organe de la vue, je m'en rapporte à ce que M. Herder en a dit dans fa favante differtation *Sur l'origine des Langues* (1) ; & je me borne à placer ici une réflexion rapide, qui réfulte d'elle-même de la difcuffion dont il s'agit, & que je voudrois voir approfondie.

L'homme, en fe fervant de la parole, a une double intention : il veut communiquer les idées des objets qui l'affectent, & il cherche à indiquer la manière dont il en eft affecté. Quand même il n'auroit pas cette dernière intention, ce ne feroit pas moins un befoin intérieur & impérieux de fa nature, que dans l'état de paffion il ne peut s'empêcher de fatisfaire. A cet effet, la langue parlée a fes interjections, & la pantomime fes geftes expreffifs. Ceux-ci, quand même ils n'auroient pas autant de force & de vivacité que les premières, font cependant plus clairs, plus variés & peut-être mieux déterminés ; & la volonté

---

(1) Herder, *Ueber der Urfprung der Sprache*, p. 100, feq.

eft

est moins en état de les maîtriser que les sons articulés. Le sauvage paresseux, dont le besoin momentané & pressant peut seul réveiller l'activité, & qui, par cette raison, se trouve toujours dans un état passionné, ne peut parvenir à aucun langage pantomime, à cause que, par la vivacité de ses affections, il lui est impossible, pour atteindre quelqu'autre but, de sacrifier ou du moins de limiter l'expression si naturelle, si satisfaisante & si complette, que le jeu des gestes lui présente.

Les sons par lesquels l'homme imite tout ce qui frappe l'organe de l'ouie, furent dans la langue parlée les premiers élémens qu'il put employer pour désigner les objets de sa pensée. Il faudroit donc que dans le langage pantomime les imitations des objets visibles tinssent lieu de ces élémens; car, ainsi que je l'ai déja dit plus haut, des signes purement arbitraires & dépourvus de toute espèce de motifs, ne peuvent devenir la base d'aucune langue quelconque. Ces signes primitifs devroient ensuite servir de type à tous ceux que, conformément aux figures & aux tours variés d'une langue, il faudroit créer pour indiquer le reste de nos autres idées : & pourquoi ne seroit-il pas aussi possible d'y parvenir par le moyen des mines & des gestes que par celui des sons ? Pourquoi des images visibles ne pourroient-elles pas aussi désigner les liaisons & les abstractions variées, que l'esprit, le jugement & l'imagination opèrent relativement aux idées ?

Jusqu'ici le langage pantomime paroît encore à-peu-près aussi possible qu'une langue parlée ; cependant il reste à examiner une circonstance très-importante ; savoir, si la représentation de l'objet & l'affection que celui-ci produit sont si indivisibles & si intimement liées l'une à l'autre dans l'ame, que même dans leur désignation l'homme veut les savoir réunies très-étroitement, &, pour ainsi dire, comme fondues ensemble. Un signe unique, qui, dans un seul instant, remplit parfaitement ce double but, doit donc lui plaire davantage que plusieurs signes interrompus, qui séparent & isolent ce que lui même n'est pas en état de discerner & de diviser distinctement dans son esprit. Et que seroit-ce si, eu égard à cette réunion, à cette amalgame du signe expressif avec le figne repréfentatif ou l'imitation de l'objet, la langue parlée avoit quelqu'avantage fur celle de la pantomime ?

Dans la langue parlée, l'interjection ou l'expreffion du fentiment n'eft jamais qu'un fon, qu'une expiration ; mais dans la pantomime c'eft une attitude propre, complette & développée. Dans la première, le fon imitatif, qui contient l'idée de l'objet, peut s'unir très-intimement avec le ton ou l'expiration qui fatisfait le fentiment ; dans la feconde la réunion de la peinture & de l'expreffion eft impoffible dans tous les cas, où l'une & l'autre doivent s'opérer par les mêmes parties du corps, tandis que chacune en demande un emploi tout-à-fait différent. Le mot amour eft fans contredit expreffif auffi-bien que la mine ou l'attitude dont on fe fert pour exprimer cette affection ; il peint la langueur, la douceur & le charme de ce fentiment : néanmoins ce mot étant une fois trouvé, vous pouvez le prononcer non-feulement avec une inflexion douce & tendre, mais auffi avec un accent plaintif, trifte, colère, furieux, amer ou railleur, fans qu'aucune fyllabe de ce mot devienne confuse, & parconféquent fans que l'idée de l'objet perde quelque chofe de fa clarté. Ici tout dépend uniquement de telle ou telle modification de l'organe ou de l'expiration, qui rend le ton de la voix bas ou élevé, doux ou rude, grave ou aigu, tremblant ou décidé. D'un autre côté, effayez de réunir au gefte pittorefque de l'amour des expreffions pantomimes variées & qui y foient liées d'une manière très-intime, fans que ce gefte fe trouve détruit ou devienne du moins obfcur, méconnoiffable & équivoque; & par-tout vous fentirez l'impoffibilité ou du moins l'extrême difficulté de cette réunion. Tantôt une contradiction empêchera ce mêlange : l'œil languiffant & mourant, l'attitude abattue, courbée avec grace ou mollement indolente de l'amour (1), ne pourra s'accorder aucunement avec le regard étincelant & indécis, avec les mufcles tendus & fortement indiqués de la colère (2); auffi peu que l'air humilié & rampant du flatteur, qui, avec le corps courbé & fléchiffant le genou, prend tour-à-tour un

---

(1) Voyez Planche XXVII, fig. 1.
(2) Voyez Planche XXVII, fig. 2.

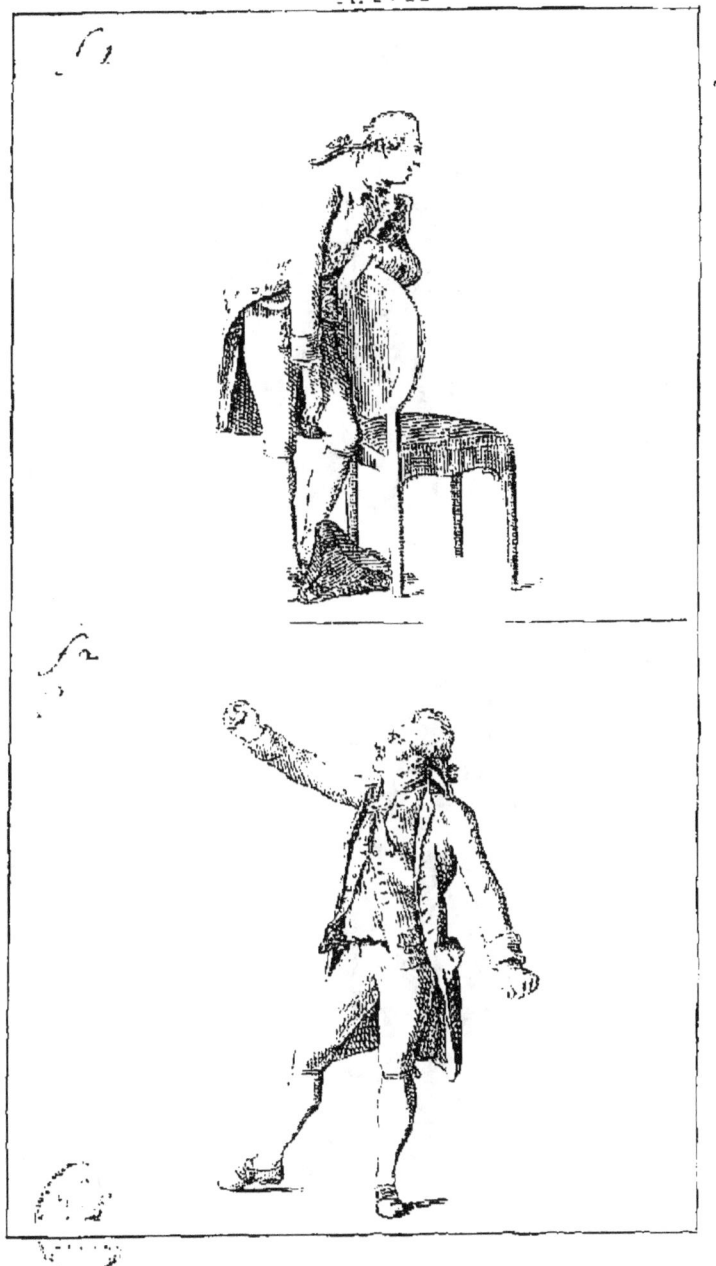

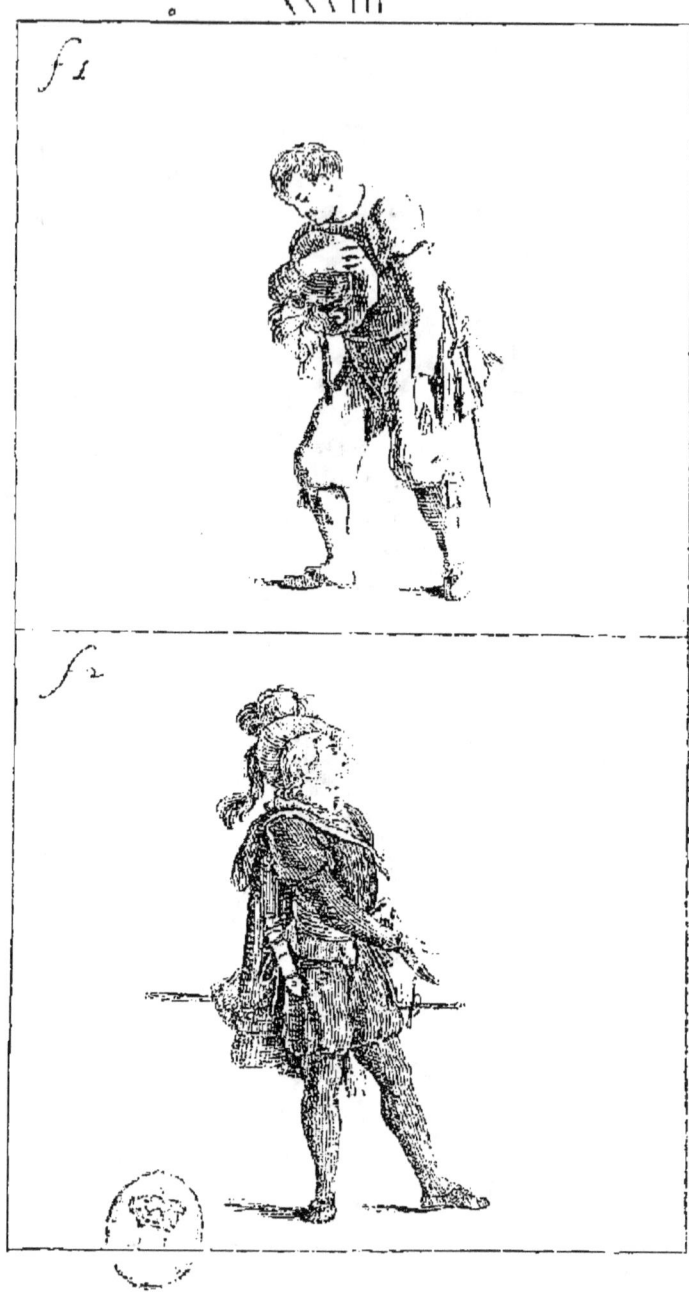

ton mielleux & respectueux(1), peut s'allier à celle du fier *Hamlet* (2), qui ne lui cache ni son mépris, ni son indignation. Tantôt, lorsque cette réunion n'est pas impossible par elle-même, on sera incertain, si le jeu des gestes, les mines ou l'attitude doivent exprimer ou désigner dans leur ensemble un sentiment mixte, ou s'il faut que l'expression ait lieu en partie, ainsi que l'imitation de l'objet qui excite le sentiment ? Lorsque je vois errer un doux sourire autour de la bouche & sur les joues d'une personne, tandis que les angles intérieurs de ses sourcils sont élevés, comment est-il possible que je réponde à la question, si les deux sentimens, savoir, l'amour & la tristesse, se réunissent dans l'ame de celui qui offre cette attitude, ou si seulement le premier de ces sentimens affecte son ame, tandis que le second est simplement l'objet qui produit le premier ; & ainsi de même *vice versa* ? Et dans ce dernier cas, comment pourrai-je décider, lequel de ces deux sentimens est le typique, & lequel est l'imitatif ? Car ces deux choses sont également possibles :

(1) Voyez Planche XXVIII, fig. 1.
(2) Voyez Planche XXVIII, fig. 2.

l'amour peut exciter à la triſteſſe, & la triſteſſe à l'amour. — Je n'ignore pas que la liaiſon & la ſérie des idées peuvent dans ce cas donner beaucoup d'éclairciſſemens; cependant il n'en faut jamais trop exiger, ſans quoi l'on court riſque de n'en recevoir aucune lumière quelconque.

LETTRE XXXII.

Que les réflexions rapides par leſquelles j'ai terminé ma dernière lettre, & que la crainte de devenir prolixe, & de tomber dans des ſubtilités, ne me permet pas de multiplier; que ces réflexions, dis-je, ſoient bien ou mal fondées, les autres preuves que j'ai rapportées n'établiſſent pas moins pour cela juſqu'à l'évidence que la découverte d'une langue pantomime eſt un des problêmes les plus difficiles à réſoudre. Et ce n'eſt pas d'aujourd'hui ＿ ＿ ＿es preuves commencent à avoir ＿ ＿oids; elles étoient déjà en force ＿ ＿ms d'Auguſte; il m'eſt parconſé＿ ＿ ＿t impoſſible d'être de l'opinion de ＿ ＿ de modernes, qui exaltent les effets merveilleux de l'art de la danse chez les anciens. Suivant le témoignage des auteurs les pantomimes de l'antiquité ont, à la vérité, eu quelques signes particuliers ; j'accorderai même davantage, je supposerai qu'ils en aient eu beaucoup qui leur étoient propres ; qu'ils se soient fait une étude particulière & peut-être unique pendant toute leur vie, de saisir en toutes choses les traits les plus expressifs & les plus caractéristiques ; que la langue parlée leur ait fourni nombre d'images & d'allusions heureuses ; qu'ils aient représenté tous ces signes avec une énergie & une vérité dont nous pouvons à peine concevoir l'idée dans nos climats froids ; qu'ils soient de plus parvenus à porter au suprême degré l'art de l'expression, & qu'ils en aient saisi jusqu'aux plus fines nuances. Mais en leur supposant tous ces avantages, à quelle distance immense ne devoient-ils pas se trouver encore de la langue parlée ! Un Pylade & un Bathyle n'auront certainement pas eu à eux seuls plus de génie que le reste des hommes ensemble ; par une impulsion merveilleuse & générale, tout le peuple romain ne se sera pas appliqué à un langage nouveau, inutile à tout autre befoin, & que fon originalité ne rendoit nullement facile. D'après ce raifonnement, je ne puis me faire une idée d'une exécution pantomime intelligible, par fes propres moyens, ou de fcènes d'une difcuffion tranquille, & du développement d'une intrigue filée avec art & adreffe fans le fecours de la parole. La collection des fignes de ces danfeurs pantomimes ne fut peut-être que ce que de nos jours feroit le dictionnaire d'un peuple dont l'efprit inculte fortiroit à peine de la barbarie : il fuffira à un cercle étroit d'idées communes & matérielles, mais il fera trop pauvre en idées abftraites & relatives, pour qu'une tragédie d'Euripide, ou feulement une fcène de ce genre, puiffe être traduite dans une pareille langue.

J'efpère que vous ne m'oppoferez pas ici le langage pantomime des Siciliens ; dont M. le Comte de Borch parle avec tant d'admiration dans fes *Lettres fur la Sicile & fur l'Île de Malte* (1). Faites attention, s'il vous

---

(1) *Tome II, Lettre XX, p.* 236. « Une autre particularité, non moins fingulière, (il a été quef-

plaît, aux circonſtances eſſentielles que contient le récit de ce voyageur. Chaque perſonne a ſa langue particulière, qu'elle fait varier ſelon ſes interlocuteurs : il y a donc une multitude de langues de ce genre, dont chacune eſt

---

tion auparavant des propriétés caractériſtiques de la langue Sicilienne) c'eſt l'uſage des geſtes & des ſignes dont on ſe ſert ici communément, & dont le langage eſt ſi expreſſif pour les nationaux, qu'à une diſtance conſidérable, au milieu d'une compagnie nombreuſe, deux perſonnes, ſans ouvrir la bouche, ſe comprennent mutuellement & ſe communiquent leurs penſées l'une à l'autre. Ces ſignes & ces geſtes ne ſont point généraux ; une femme en a de différentes eſpèces, les uns deſtinés pour ſon mari, d'autres pour ſon amant, d'autres enfin, pour ſes amis : cette différence d'alphabet produit trois diverſes langues, pour ainſi dire, dont la même perſonne ſe ſert avec toute la facilité poſſible. On remarque la même habileté dans les enfans, qui, dès l'âge le plus tendre, commencent déja à compoſer avec leurs camarades une ſuite de ſignes propres à eux ſeuls. Cela provient du penchant que la nation a pour les geſtes : un Sicilien ne peut pas dire la parole la plus indifférente ſans l'accompagner tout de ſuite d'un geſte expreſſif. On croit que ces geſtes & ces ſignes datent encore du tems de Denis l'ancien, dont la tyrannie, défendant l'uſage de la parole à ſes ſujets, les obligea d'inventer de nouveaux moyens pour ſe communiquer leurs penſées & pour ſe conſoler dans leur malheur. Je ne vous garantis pas la vérité de cette origine ; mais de quelle ſource que provienne cet uſage, je ne puis que l'admirer, & vous dire que je le regarde comme la plus ſublime pantomime que j'aie vue de ma vie ».

originale, & de l'invention de celui qui s'en fert. De ces faits, dont la certitude ne peut être conteftée, ne doit-on pas conclure que les Siciliens n'ont qu'un très-petit nombre de fignes pour manifefter leurs idées, & que l'emploi de ces fignes eft circonfcrit par un cercle très-étroit.

Mais, (pourriez-vous m'objecter encore) puifque les fignes des pantomimes rendoient les fujets fi peu intelligibles ; & que lors des repréfentations, tout dépendoit en effet d'une connoiffance préliminaire de l'événement mis en fcène, & de la bonne mémoire des fpectateurs : à quoi fervoient donc ces fignes ? Pourquoi ces pantomimes s'obftinoient-ils à conferver ce dont ils pouvoient fe paffer ? --- Peut-être étoit-ce parce qu'ils n'en fentoient pas l'inutilité, ou qu'un amour-propre mal entendu ne leur permettoit pas d'avouer la défectuofité & l'infuffifance de leur art, ni à eux-mêmes, ni aux fpectateurs ; ou parce qu'ils firent avec ceux-ci le faux raifonnement, que ce qu'on comprenoit fi bien, recevoit fa clarté de l'heureux emploi de ces fignes ; ou, ce qui vraifemblablement en fut la première cause, parce qu'ils ne purent résister à ce penchant naturel de désigner les sentimens en même-tems que les motifs & les objets qui les font naître, & que de cette manière, au défaut total de la parole, ils durent chercher à indiquer du moins les idées principales par tel ou tel geste. Enfin, peut-être aussi parce que l'emploi de ces signes produisit réellement de bons effets en venant au secours de la mémoire infidelle des spectateurs, qui, par le rappel d'une seule idée principale, pouvoient trouver toute la série de celles dont cette idée faisoit partie. Au reste, je n'en veux pas à ces pantomimes d'avoir employé ces signes. Pour apprécier leur mérite, il s'agiroit de savoir s'ils y ont mis de la prodigalité ou de l'économie, & jusqu'à quel point la peinture peut leur avoir fait négliger l'expression. Les auteurs anciens nous ont laissé trop peu de notions sur cette matière, & il me paroît aussi qu'ils en ont parlé d'une manière trop concise, ou trop indéterminée, ou trop hyperbolique (1).

---

(1) On peut consulter l'ouvrage déja cité de l'abbé

En voilà assez, mon ami, sur une matière que je ne saurois épuiser, & sur laquelle je me serois moins étendu sans vos demandes & sans vos objections. Ne parlons plus de l'art du geste & de l'action théâtrale, en tant qu'il tient à la peinture, & qu'il sert à représenter le seul moment d'une action. Occupons-nous à présent de ce même art, en tant qu'il produit ses effets successivement ; en un mot, considérons-le comme musique. Je prends ici, comme vous le voyez, le mot musique, dans l'acception usitée chez les anciens Grecs, dans le sens le plus général & le plus étendu, qui y renfermoit plusieurs arts unis dès leur origine, & qui n'en ont été séparés que dans la suite. J'ignore si cette abstraction leur a été plus utile que nuisible. Ces arts compris dans le mot musique furent pour les yeux : l'art du geste, des mines & des mouvemens du corps avec leur partie lyrique, savoir, la danse ; & pour l'organe de l'ouie : l'art de la dé-

---

du Bos, qui a recueilli tous ces passages ; ou bien avoir recours à Octavius Ferrarius, *Dissert. de Pantomimis & Mimis.*

clamation, auſſi avec ſa partie lyrique qui comprenoit le chant & l'accompagnement des inſtrumens. La poéſie conſidérée relativement au mécaniſme du vers & au choix du rhythme par leſquels elle parvient à charmer une oreille délicate, y appartenoit également. Je me flatte que vous me diſpenſerez de prouver que ni les arts dont je viens de faire l'énumération, ni même aucun autre, ont réellement été déſignés par le mot muſique : vous pouvez vous en convaincre vous-même par le rapprochement des paſſages que Brown (1) & du Bos ont tirés à ce ſujet de Platon, d'Athénée, de Porphyre, de Saint Auguſtin & de Quintilien. En comparant entr'eux les beaux-arts que je viens de citer, vous reconnoîtrez auſſi-tôt que l'ancienne idée de la muſique réuniſſoit les deux caractères eſſentiels; ſavoir, l'énergique ou ce qui n'agit que ſucceſſivement par degrés, & le ſenſible ou ce qui frappe ſur le champ les ſens. L'un en excluoit tous les arts d'imitation qui agiſſent immédiatement

---

(1) *Conſidérations ſur la Poéſie & la Muſique*, Section V, 1.

fur les fens, & l'autre en écartoit la poéfie, en tant qu'elle ne parle pas aux fens, mais à l'imagination & aux autres facultés de l'ame.

Vous pouvez, à la vérité, m'objecter contre ce dernier caractère, que dans Platon, Socrate appelle non-feulement la philofophie mufique, mais la mufique par excellence ; & que cependant cette fcience, qui occupe uniquement l'efprit & le jugement, n'a rien de commun avec les fens. Mais fi la philofophie a été regardée en effet comme formant une des parties de la mufique, pourquoi Socrate, à l'approche de la mort, fe feroit-il occupé du doute, fi en étudiant cette fcience il avoit obéi à la divinité qui lui ordonna de cultiver la mufique ? Pourquoi, en fuppofant que la divinité eût prefcrit l'étude de la mufique prife dans le fens ordinaire (δημωδη μυσικην) auroit-il encore fait des vers dans fa prifon (1) ? Tout homme familiarifé avec les ouvrages de Platon doit avoir remarqué comme un caractère effentiel de fa manière d'écrire, qu'il fe plaît

---

(1) *In Phaed. edit.* Frcft. *p. 46.*

toujours à rapprocher des arts les choses sérieuses & scientifiques, & qu'il emprunte volontiers pour les sciences le charme du beau, & pour le beau la sévérité & la dignité de la science. De même qu'il appelle ici la philosophie la musique par excellence, il nomme ailleurs un parfait gouvernement la tragédie la plus complette (1), en considérant l'homme d'état comme le collègue & le concurrent du poëte tragique. Voudriez-vous pour cela compter au nombre des pièces de théâtre les gouvernemens des anciens, & placer les grands hommes d'état de l'antiquité, un Solon, un Licurgue, un Périclès, parmi les poëtes tragiques ? Au reste, il résulte encore du passage du *Phédon*, que non pas la poésie entière, mais seulement l'art du mécanisme de la versification a été compris dans la musique : car comment Socrate auroit-il pu s'imaginer de remplir l'ordre qu'il avoit reçu en songe, en mettant sim-

---

(1) *De Legib. L. VII*, edit. Frcst. p. 898. ἡμεῖς ἐσμεν τραγῳδίας αὐτοὶ ποιηταὶ κατὰ δύναμιν καλλίστης καὶ ἀρίστης· πᾶσα δὲ ἡμῖν ἡ πολιτεία ξυνέστηκε μίμησις τοῦ καλλίστου καὶ ἀρίστου βίου. ὃ δὴ φαμὲν ἡμεῖς γε ὄντως εἶναι τραγῳδίαν τὴν ἀληθεστάτην, &c.

plement en vers les fables d'Esope, qui, existant depuis long-tems, étoient aussi connues de toute la Grèce (1)?

Je vous prie, mon ami, de ne pas regarder comme une digression absolument inutile, si, à l'occasion de la transition d'une branche de l'art du geste & de l'action théâtrale à l'autre, je parle de l'idée que les anciens s'étoient formée de la musique. Je crois prévoir que dans nombre de points des recherches que nous avons encore à faire, il sera très-avantageux de généraliser nos réflexions, & de les transporter du champ trop circonscrit de cet art, dans la sphère plus vaste de la musique. Brown regrette qu'on ait séparé les différens *arts énergiques* (2) dans leur exercice: quant à moi, je ne regrette pas moins qu'on les ait séparés de cette idée générale qui les embrassoit tous. Si la première de ces abstractions a nui à l'effet de ces arts,

---

(1) Ἐντείνας τοὺς τοῦ Αἰσώπου λόγους, ainsi que Cébès le rend.

(2) L'Auteur appelle *arts énergiques* ceux qui n'agissent que successivement & par degrés sur l'ame, tels que le chant, la déclamation, la pantomime, &c.; & il donne le nom d'*arts sensibles* à ceux dont l'effet se fait sentir sur le champ, comme la peinture, la sculpture, &c. *Note du Traducteur.*

leur

leur théorie a infiniment perdu par la seconde ; car le défaut d'une dénomination générale & commune a entraîné celui du motif de s'attacher à la recherche de leurs principes communs ; & cependant cette recherche auroit été aussi importante pour l'esthétique qu'elle l'est pour la métaphysique, & peut-être pour la morale même. La suite vous prouvera, j'espère, que tous les arts musicaux sont réellement fondés sur les mêmes idées générales, & qu'ils ont tous les mêmes règles : vous pourriez déja appercevoir la vérité de ce principe, si vous vouliez appliquer les principes de l'art du geste & de l'action théâtrale, que j'ai développés jusqu'ici, à l'art de la déclamation qui y est lié intimement.

LETTRE XXXIII.

Vous avez raison d'obferver que, pour être en état d'apprécier la reffemblance qui exifte entre les idées fondamentales de l'art du gefte & de celui de la déclamation, il faudroit avoir du moins une efquiffe de la théorie de ce dernier. Mais feriez-vous en effet embarraffé de trouver cette efquiffe quelque part? Ne connoîtriez-vous aucun de ces nombreux ouvrages que des auteurs anciens & modernes ont compofés fur cette théorie? Je préfume que vous ignorez qu'il ait exifté un Francius, un Le Faucheur, un Grimareft; mais un Cicéron (1), un Quintilien (2), & fur-tout le philofophe de Stagire, dont les ouvrages ont guidé ces deux célèbres Romains, ne peuvent vous être inconnus. A la vérité, ce dernier paffe, à fon ordinaire, très-rapidement fur cette

---

(1) *De Orat.* L. III, c. 57. Ce qui fe trouve dans les livres *ad Herenn.* III, c. 11; 15, attribués à Cicéron, appartient moins à la matière que nous traitons ici.
(2) *Inftitut. Orat.* L. XI. c. 3.

matière ; au lieu de la théorie même ; il n'en jette que le germe, dont le développement pourroit la donner ; mais au fond, chaque plante future est déja contenue dans sa semence organisée ; & si ce grand homme ne développe pas lui-même le sujet dont il s'agit ici, la trop grande richesse de ses conceptions en est, sans doute, la cause : semblable à la nature, qui, dans l'immensité des modifications de la matière, ne peut suivre, ni perfectionner également toutes ses productions, il n'a pû s'attacher à chaque idée sublime & féconde que son génie lui a inspirée.

Aristote dit que plusieurs auteurs, & entr'autres Glaucon de Téos, en Jonie, avoient enseigné comment il falloit déclamer les pièces de poésie, mais qu'aucun n'avoit parlé de l'art de la déclamation oratoire. « Ce dernier art, » continue-t-il, » dépend de la voix, pour sa-
» voir comment on doit s'en servir dans
» chaque passion ; par exemple, quand il
» faut l'élever ou l'abaisser, ou parler
» dans le ton ordinaire. Et tout de même
» à l'égard des tons différens, qui sont
» l'aigu, le grave & le moyen ; & égale-
» ment à l'égard du nombre, afin de

« les bien ménager dans chaque mouve-
» ment particulier (1). » Je présume que la manière de rendre ce passage d'Aristote en le traduisant & en le commentant à la fois, ne vous déplaira pas: je voudrois vous laisser à juger s'il n'y auroit pas moyen de ramener aux trois points indiqués par ce philosophe ce que Cicéron appelle *plura ab his delapsa genera*, le *laeve*, *asperum*, &c. (2) Dans l'explication du second point, je m'écarte à la vérité du sentiment des commentateurs, & je crois que c'est avec raison; car il est impossible qu'il puisse seulement être question ici de la maniere d'accentuer les syllabes, ainsi que Majoragius le veut (3). Le philosophe ne parle pas

---

(1) *Rhetor. L. III, c. 1, edit. Lipf.* p. 162. Ἔστι δὲ αὐτὰ μὲν (ἡ ὑπόκρισις) ἐν τῇ φωνῇ, πῶς αὐτῇ δεῖ χρῆσθαι πρὸς ἕκαστον πάθος· οἷον πότε μεγάλῃ καὶ πότε μικρᾷ, καὶ πότε μέσῃ. Καὶ πῶς τοῖς τόνοις· οἷον ὀξείᾳ, καὶ βαρείᾳ, καὶ μέσῃ. Καὶ ῥυθμοῖς τίσι πρὸς ἕκαστα. Τρία γάρ ἐστι, περὶ ὧν σκοποῦσι· ταῦτα δ' ἐστὶ μέγεθος, ἁρμονία, ῥυθμός.
(2) *l. c. n.* 216.
(3) Voyez son *Explanat. in Rhet. Arist.* p. 743. Comparez-y P. *Victor. Comment.* p. 616. Quintilien s'explique avec plus de clarté à ce sujet, quoiqu'il ne fasse mention de l'art de bien lire qu'en passant, & comme d'un talent que la déclamation présuppose. *Utendi voce*, dit-il, *multiplex ratio. Nam praeter illam differentiam, quae est tripartita, acutae, gravis,*

de l'art de bien lire, mais de celui de bien déclamer, avec l'expreſſion convenable à chaque paſſion. Et quoique ce dernier talent préſuppoſe toujours le premier, l'un peut cependant exiſter ſans l'autre : il y a beaucoup d'orateurs & d'acteurs qui ne manquent preſque jamais le véritable accent relativement aux ſyllabes & aux mots, mais très-ſouvent celui qui convient à la paſſion actuelle de l'ame.

Maintenant placez la véritable méthode de déclamation, n'importe quelle paſſion il faille exprimer, ſous les trois points de vue établis par Ariſtote; & en développant les motifs qui modifient les nuances de l'accent de chaque paſſion, en rendant cet accent aigu ou grave, rapide ou lent, ſonore ou ſourd, &c., vous tomberez toujours, de même que dans l'art du geſte, ſur l'analogie, ſur l'intention ou le deſſein, & ſur le changement de l'état du corps. La marche lente des idées, qui, dans l'admiration,

―――――――――――――――――

*flexae: tum intentis, tum remiſſis, TUM ELATIS, TUM INFERIORIBUS MODIS opus eſt, ſpatiis quoque lentioribus aut citatioribus. l. c. edit. Burm. p. 1000.

s'arrête à chaque circonstance, & rend le geste & l'attitude propres à cette affection si soutenue & si solemnelle, imprime les mêmes nuances à chaque ton, en faisant traîner & lier ensemble les syllabes & les mots. La respiration est plus pleine, pour qu'elle se soutienne davantage, les périodes du discours sont plus longues, & les suspensions plus rares : ce n'est que quand l'abondance des idées affoiblit la réflexion de l'ame, qui ne trouve plus l'expression propre pour rendre ses sentimens, que la parole se perd avec la pensée ; & la pause devient d'autant plus imposante & d'autant plus soutenue, que l'esprit est plus lent à se retrouver dans la foule des idées où il s'étoit égaré. Dans la joie, ainsi que le geste propre à cette affection l'a déja fait pressentir, la marche des idées est brusque & animée, mais toujours douce & legère ; & conformément à cette analogie, lorsque la joie éclate en paroles, que son langage est plein de grace & d'alégresse, quelle vigueur ne montrent pas la force modérée de la voix & l'haleine plus longtems soutenue sans l'apparence d'aucun effort ! La colère a la respiration courte

& entrecoupée, à cause du trouble intérieur qu'elle excite ; mais avec quelle célérité cette respiration épuisée ne se renouvelle-t-elle pas pour articuler les mots aussi rapidement que l'ame développe ses pensées ! Le caractère sauvage & indomptable de cette passion se trahit même par le bégayement, lorsqu'elle acquiert de la vivacité, & par un silence absolu, quand elle est parvenue au plus haut point. Dans le premier cas, l'ame élancée avec trop de force ne peut plus retourner en arrière pour fournir tout ce qui est intermédiaire entre l'idée exprimée, & celle qui s'est déja offerte à la pensée ; dans l'autre, l'ame désespère entièrement de transformer l'abondance de ses idées en paroles, ou de pouvoir suivre leur célérité démesurée avec la voix.

L'analogie avec la succession des idées, par laquelle je viens d'expliquer la marche de la voix, sert aussi à rendre raison du choix des sons particuliers. Vous trouverez que dans l'admiration le ton n'est jamais aigu, mais toujours grave ; pourquoi ? parce qu'elle ne développe ses idées que très-lentement, & que dans les tons graves il y aura d'autant moins de vibrations, qui tomberont sur chaque seconde. Cette pensée vous fait sourire ; mais essayez si, en la généralisant, vous ne pouvez pas l'appliquer à toutes les passions ? Si chacune n'élève pas le ton à proportion de la célérité avec laquelle les idées se développent, & si ce ton ne devient pas plus grave à mesure que leur marche est plus tranquille ? Cette même colère, dont la parole roule comme un torrent impétueux, s'égare souvent dans les tons aigus & sifflans, & elle prend les tons les plus hauts & les plus tranchans, précisément lorsque sa fureur la rend plus dangereuse ou plus disposée à l'attaque. Et lorsqu'elle cherche à humilier un adversaire par le mépris, ou par le rire amer & railleur, combien les éclats criards & perçans de ce rire ne s'éloignent-ils pas des intonations ordinaires ? combien de fois la voix ne manque-t-elle pas tout-à-coup au milieu de ces éclats, lorsqu'elle doit être poussée au-delà de sa portée ? Au contraire, le rire d'une joie douce sera léger, agréable & éclatant ; cette affection module sans cesse entre les tons aigus & les tons graves, à cause que la marche de ses idées est rapide & animée, mais non pas sauvage & impétueuse. Elle a l'art de monter & de baisser le ton suivant les différens degrés de la vivacité, sans jamais donner dans les criailleries déchirantes de la colère, ni dans l'intotonation grave & solemnelle de l'admiration. Egalement éloignée des deux extrêmes, la voix se balance toujours dans le *medium* de son étendue, & c'est précisément pourquoi l'expression d'aucune autre affection n'est aussi sonore, aussi agréable, aussi remplie de grace ; car les tons moyens & modérés ont le plus de beauté & d'agrément, quoique le mauvais goût de la plupart de nos compositeurs & virtuoses modernes, qui mettent tout leur art à s'en éloigner, tende à prouver le contraire.

A ces remarques on en peut ajouter d'autres qui y sont intimement liées, & qui concernent certaines modifications de la voix faites à dessein, soit qu'on veuille prêter du secours à l'esprit, soit qu'il s'agisse d'exciter, de modérer ou d'étouffer des affections. Celui qui répète en lui-même ou qui récite à d'autres une pensée importante & difficile, aura soin pour l'examiner &

l'apprécier mieux, de phraser non-seulement avec lenteur, mais il se servira aussi d'un ton plus grave; parce que, suivant la manière dont il est affecté, une pareille intonation réveille & fixe l'attention, & qu'elle dispose l'ame à ce calme & à cette marche modérée des idées, qui secondent si bien la recherche & la connoissance plus parfaite de la vérité. Un autre qui accumule des idées pour agrandir le sentiment de la vénération, & disposer son ame à adorer l'objet de son culte avec plus de ferveur & d'humilité, baissera de ton à chaque parole; tandis que celui qui veut renforcer des affections, telles, par exemple, que la terreur, la colère ou la joie, élèvera successivement la voix. — Pour le dire ici en passant, je remarquerai que les passions, en général, ont chacune leur gradation propre, qui ne consiste pas simplement dans l'élévation ou dans le renforcement de la voix, mais dans la rondeur & dans la manière plus parfaite de rendre le ton particulier qui convient à chacune d'elles. Celui qui se propose de calmer un homme enflammé de colère; c'est-à-dire, de transformer la marche brusque & impétueuse de ses idées en une progression plus lente & plus modérée, se gardera avec autant de soin de prendre un ton trop élevé, que de parler avec trop de vivacité & d'une manière trop bruyante ; car quelles que fussent ses remontrances, loin de produire le moindre effet, l'impression désagréable qui en résulteroit pour les organes de l'homme colère, serviroit plutôt à accélérer la marche de ses idées qu'à la modérer, ou à lui donner une autre direction. Le *Tonarion* connu de C. Gracchus (1), lui indiquoit peut-être moins l'intonation convenable au moment, qu'il ne le garantissoit des extrêmes : il modéroit le feu de l'orateur par des sons graves, & par des sons aigus il échauffoit sa tiédeur.

Par des exemples pris de plusieurs passions, il seroit très-facile de vous prouver la fécondité du principe de l'analogie, en indiquant pour chacune l'intonation forte ou foible, aiguë ou grave, avec la modération & le mouvement convenables ; on pourroit épuiser à cet effet tous les termes techniques des mu-

---

(1) Voyez Cicéron, *l. c. III*, 60, 61. Comparez-y Quintilien, *L. I, c. 10*.

ficiens, qui cependant suffiffent fi peu pour exprimer clairement toutes les idées du langage mufical, ainfi que leurs plus fines nuances. Il ne feroit pas moins facile de vous convaincre qu'à chaque petite modification d'une affection, ainfi qu'à chaque mêlange d'une affection avec une autre, le ton de la voix éprouve auffi des changemens ; par exemple, que la vénération, lorfqu'elle ceffe d'être une admiration pure des perfections morales, & qu'elle fe mêle avec la crainte ou avec la honte, fait perdre la gravité, la rondeur & l'égalité du ton ; que la refpiration commence auffi-tôt à être entrecoupée, & que parconféquent les phrafes deviennent plus courtes & moins fuivies, &c. Mais je me borne à vous indiquer la route, que vous pouvez fuivre dans vos propres recherches, & il me fuffit de vous avoir prouvé feulement par quelques exemples, la poffibilité d'établir une théorie générale des arts énergiques. Vous trouverez peut-être que ce que j'ai rapporté à l'analogie, peut dériver également, en totalité ou en partie, des caufes phyfiologiques. En effet, la dilatation de l'organe de la voix peut expliquer le ton grave de l'admiration, &

la contraction de la glotte, causée par le sang, poussée avec violence dans les vaisseaux voisins, le ton aigu & tranchant de la colère. Vous auriez alors une ressemblance nouvelle entre l'art du geste & la théorie de la déclamation, mais dont l'effet ne seroit pas agréable; c'est-à-dire, cette ressemblance qui fait que, par nombre de phénomènes, on se trouve dans l'embarras de savoir, s'il faut les faire dériver plutôt d'une source de connoissances que d'une autre. Au reste, on fera toujours mieux de s'en tenir à celle qui expliquera la chose avec le plus de clarté, puisque les conséquences en seront plus nombreuses, & qu'elle servira à lever du moins la majeure partie des difficultés. Cet avantage appartient, à mon avis, à l'analogie relativement aux phénomènes rapportés ci-dessus, & à d'autres qui leur ressemblent. Au reste, il n'est pas difficile de réserver aux causes physiologiques d'autres modifications de la voix, dont on ne pourra trouver l'explication ailleurs; j'en cite pour exemples la voix éteinte de la fureur; les soupirs profonds de la tristesse & de l'amour; la voix tremblante, entrecoupée & sanglotante de l'abattement dans la douleur. Je dois encore remarquer, en paſſant, que l'élévation de la voix, qui accompagne ordinairement les derniers mots d'une queſtion, eſt fondée ſur une intention ou ſur un deſſein motivé. Dans le diſcours, il y a toujours quelque choſe qui reſſemble à la note tonique du chant. Après pluſieurs modulations l'oreille n'eſt pas ſatisfaite, lorſque la voix ne retombe pas dans ce ton fondamental : celui qui fait une queſtion, en la terminant dans un ton différent, force donc, pour ainſi dire, ſon interlocuteur, par la ſenſation déſagréable que cauſe à celui-ci cette chûte imparfaite, à terminer par ſa réponſe la phraſe muſicale incomplette, & à contenter ſes propres oreilles, bleſſées par cette ſuſpenſion anti-mélodieuſe, en même-tems qu'il ſatisfait la curioſité de celui qui l'interroge.

La ſeule choſe pour laquelle je dois encore demander votre attention, c'eſt la déclamation pittoreſque & expreſſive. La voix eſt propre à l'une & à l'autre, car elle peut déſigner & l'objet qui excite le ſentiment, & ce ſentiment même ſelon ſes modifications particulières. Ici l'expreſſion & la peinture peuvent également être liées intimement ou se trouver en opposition ; & lorsque la voix peint, cela arrive aussi par ces deux motifs ; savoir, ou à cause de la vivacité de la représentation de la chose même, ou à cause de l'intention qu'on a de réveiller dans l'esprit d'autrui une idée plus intuitive : elle est aussi sujette à toutes les règles, & peut commettre toutes les fautes ridicules dont j'ai parlé plus haut. Le chant est la déclamation la plus soutenue ou la plus lyrique. La règle de l'expression est déja établie à son égard, quoiqu'elle ne soit pas éclaircie par autant d'exemples qu'il auroit été à desirer. Maintenant mettez au lieu de la détermination stricte de la déclamation lyrique, celle plus générale de la déclamation simple, & vous serez, je pense, moins embarrassé au sujet de la théorie, que vous ne le feriez peut-être en essayant de l'établir par les recherches tout-à-fait ressemblantes, dont nous nous sommes occupés plus haut relativement à l'art du geste, de l'action théâtrale & de la pantomime.

LETTRE XXXIV.

Tout ce qui mérite d'être observé à l'égard du jeu progressif du geste, se rapporte, en général, ou à la nature de l'espèce à laquelle une production de l'art appartient, ou aux qualités particulières d'une telle production; & dans ce dernier cas il implique la réunion de toutes ses parties, ou seulement l'assemblage de quelques-unes. A en juger par ce plan, si simple & si facile en apparence, vous ne croiriez pas combien il renferme de matières abstraites, compliquées, & si difficiles à discuter que la langue me fournira à peine les termes propres pour y réussir. Je suis même déja embarrassé d'exprimer mes pensées d'une manière claire, frappante & intuitive à l'égard du premier point. Heureusement que les idées & les règles qui se présentent ici, sont du nombre de celles qui conviennent généralement à tous les arts musicaux: ce qui est établi & prouvé pour l'un, l'est également pour tous; & ce que l'on l'on ne peut pas dire de l'un à cause de la difficulté qu'on y rencontre, ou de l'obscurité qu'il ne seroit pas possible de dissiper, pourroit peut-être se dire plus facilement & avec plus de clarté de l'autre.

Détournez, je vous prie, pour un moment votre attention du jeu des gestes, & fixez-la sur le rhythme du discours. Vous en remarquerez trois différentes espèces : le mètre déterminé du poëme lyrique, de l'épopée & de la poésie descriptive ; le nombre très-élevé & très-sensible de la prose poétique ; enfin, la prosodie légère & indéterminée de la conversation, du style épistolaire, &, en général, de chaque diction plus commune. Ce que j'appelle ici des espèces différentes de rhythme, ne le sont pas dans le sens le plus strict ; ce sont plutôt les divers degrés principaux les plus sensibles, entre lesquels il s'en trouve une infinité d'autres, mais dont les nuances sont trop foibles, & qui se confondent trop ensemble, pour qu'on puisse les saisir avec précision. A ces différentes espèces de rhythmes répondent autant d'espèces différentes de déclamations. La déclamation lyrique la plus foutenue, entièrement déterminée par la mefure & par le fon particulier, qui fe transforme ici en ton, eft le chant; celle de l'orateur paffionné, du rhapfode qui récite des poëmes épiques ou lyriques eft moins déterminée, mais elle porte cependant un caractère diftinctif qui la rend très-reconnoiffable ; la plus indéterminée de toutes c'eft le ton ordinaire de la converfation, qui, tantôt calme, tantôt indiquant plus ou moins les mouvemens de l'ame, n'en point aucun parfaitement, & n'acheve jamais complettement le ton qui leur eft propre. Et ici, comme dans le nombre, on trouve auffi une infinité de degrés intermédiaires, où le langage ordinaire fe rapproche plus ou moins de la déclamation foutenue, comme celle-ci approche du chant.

Chacune de ces diverfes efpèces de déclamations que je viens d'indiquer a fon emploi déterminé. Le mètre ne convient que dans certains cas; car il y en a où il feroit déplacé ; dans quelques fituations de l'ame, il fert à renforcer l'effet de l'expreffion, qu'il affoibliroit ou détruiroit dans d'autres. Que feroit la difcuffion réfléchie & calme d'un penseur, ou le récit froid d'un historien en vers ? Que seroit un dialogue léger & qui passe rapidement d'un sentiment à un autre dans un ton foible & superficiel, s'il étoit rédigé en strophes régulièrement cadencées ? Que seroit enfin un discours, quoique plein d'énergie ; une lettre ordinaire, quoique dictée par l'amitié ; un récit d'événemens journaliers composés dans le mètre lyrique d'une cadence & d'une harmonie caractéristiques ? On rejette de pareilles productions comme déplacées, comme peu naturelles ; & pourquoi ? non par les mêmes raisons qui font qu'on rejette une démarche lourde & indolente, ou vive & gaie, lorsqu'il s'agit d'exprimer une situation agréable ou triste de l'ame ; non parce que le genre a été manqué dans l'ensemble ; mais à cause que le sentiment est trop déterminé, trop élevé & exprimé avec trop de perfection. On sent que, suivant le contenu du discours, suivant la marche des idées de celui qui parle, & suivant le choix de ses expressions, de ses tours de phrase, de ses images, le sentiment dont il est affecté n'a ni la plénitude, ni l'unité nécessaire pour que le caractère déterminé & invariable du mètre puisse lui convenir.

Jadis, lorsque l'histoire étoit encore la tradition des grands événemens & des faits glorieux, qu'une imagination vivement frappée, ou l'enthousiasme patriotique cherchoit à immortaliser; lorsque la philosophie étoit bornée à des fictions hardies sur l'origine des dieux & la formation du monde, l'une & l'autre pouvoient alors s'allier à la poésie & en emprunter tous ses ornemens : mais lorsque l'histoire ne fut plus qu'un récit calme & impartial, & que la philosophie commença à s'occuper de recherches abstraites & froides ; alors Hérodote dans l'une, & Phérécyde (1) dans l'autre suivirent l'impression du bon goût qui leur fit préférer la prose. Et même le ton de la prose de Phérécyde seroit devenu faux, si toutes les fois, qu'à raison de son objet, cet auteur n'auroit dû s'élever que modérément, il

---

(1) Voyez Apulée Flor. 2. *Pherecydes primus, versuum nexu repudiato conscribere ausus est passis verbis, soluto locutu, libera ratione.* Le style de Phérécyde est, à la vérité, encore poétique & riche en allégories ; cependant on n'y reconnoît plus le simple mythologue. Voyez *Aristot. Metaph. L. XII.* (d'après Du Vall.) c. 4.

s'étoit approché du rhythme majestueux, & du nombre fier de l'orateur inspiré; car il en est de même du nombre de la prose que du mètre du vers. Par exemple, le style d'une lettre d'amitié ou d'affaire ne sera-t-il pas faux & ridicule, s'il approche de la mollesse & de la douceur de l'Idylle. Une pareille lettre doit, sans doute, avoir un certain caractère de tendresse & d'aménité, le nombre & l'harmonie en doivent répondre également à la nature du sentiment qui y domine; mais il ne faut pas qu'elle soit écrite avec ces formes sensiblement cadencées & composées des mesures les plus douces & les plus soigneusement choisies, qui font le charme de la prose de Gessner; sans cela le style en sera précieux, fade, insupportable.

L'application de cette remarque aux différens genres de déclamation se fait d'elle-même. La chanson pleine de sentiment, quel qu'en soit le caractère, ne veut pas être récitée, mais doit être chantée: quand même on la déclameroit avec l'expression la plus exacte, cela ne suffiroit pas, à mon avis; & l'on n'en sent tout le charme que lorsque le simple son devient le ton musical, & quand le rhythme indécis est assujetti par la mesure ; mais qui est-ce qui a la force d'entendre, du moins pour la première fois, sans sourire, une lettre chantée, telle qu'on en trouve dans les anciens opéra françois ? Le ridicule devient bien plus grand, lorsque le personnage, sans avoir relu plusieurs fois ou écrit lui-même la lettre, vient seulement de la recevoir. Cependant cette circonstance ne justifieroit pas une lettre chantée ; car elle cesse alors de l'être, & devient une chanson, une élégie, une romance adressée à une personne déterminée, ou ce que l'on voudra. En récitant une scène de *Minna* avec le ton qu'exige une des plus belles descriptions de la *Messiade*, ou en renversant cette supposition, on auroit encore une déclamation élevée, une voix trop caractérisée & trop soutenue là où il faudroit le ton léger du dialogue ; ou ce ton léger là où tout le luxe de la déclamation devroit se déployer. Quel est l'auditeur, qui témoin de pareils contresens, ne perdra pas toute patience, si la nature lui a donné un esprit juste & un cœur sensible ? Malgré cette faute très-grave, il se pourroit que ni le ton, ni le genre de sentiment ne fussent pas manqués ; le sentiment seroit seulement outré dans un cas, & incomplettement exprimé dans l'autre ; le lecteur seroit tantôt trop froid, & tantôt il donneroit dans le pathos, dans l'enflure & dans l'affectation.

Retournons maintenant, mon ami, de cette digression apparente au véritable objet dont il s'agit ici. Le jeu du geste a les mêmes espèces, ou, si vous l'aimez mieux, les mêmes degrés que nous avons distingués plus haut dans le nombre & dans la déclamation. Toutes les expressions des différentes situations de l'ame, que nous avons appris à connoître, s'élèvent par des degrés innombrables dès leur origine, dès le premier soupçon d'une affection, jusqu'à son entier développement. Vous vous rappellez sans doute l'esquisse que je vous ai tracée de la joie sous la forme du ravissement (1) ; examinez encore une fois l'œil ouvert & riant, les bras tendus dans toute leur longueur, & la figure élevée sur la pointe du pied, &

---

(1) Voyez *Planche XVII*, *fig.* 2, *T. I*, p. 204.

vaguant, pour ainsi dire, dans l'air, & vous aurez l'expression la plus décidée & la plus complette de cette affection; expression que vous pouvez affoiblir plus d'une fois fans la détruire, ou même fans la rendre méconnoiffable. Donnez une douce courbure à la ligne droite, décrite par les bras, & malgré ce changement ceux-ci refteront tendus; que l'un des pieds pofe davantage à terre, & que l'autre foit moins élevé & plus rapproché du premier, le corps ne s'enlèvera pas moins, & la démarche reftera toujours légère & vaguante. Que l'œil fe retréciffe & que la bouche fe ferme un peu; que l'œil foit brillant, & que la bouche refpire plus doucement, les yeux n'en feront pas moins ouverts; le regard n'en fera pas moins vif & la refpiration moins pleine (1). Faites-y un fecond changement plus confidérable; abbaiffez davantage les bras des deux côtés; donnez moins de force aux mufcles, de forte que la figure s'élève d'une manière infenfible; placez les deux pieds légèrement par terre, & faites voir le

_____

(1) Voyez Planche XXIX, fig. 1.

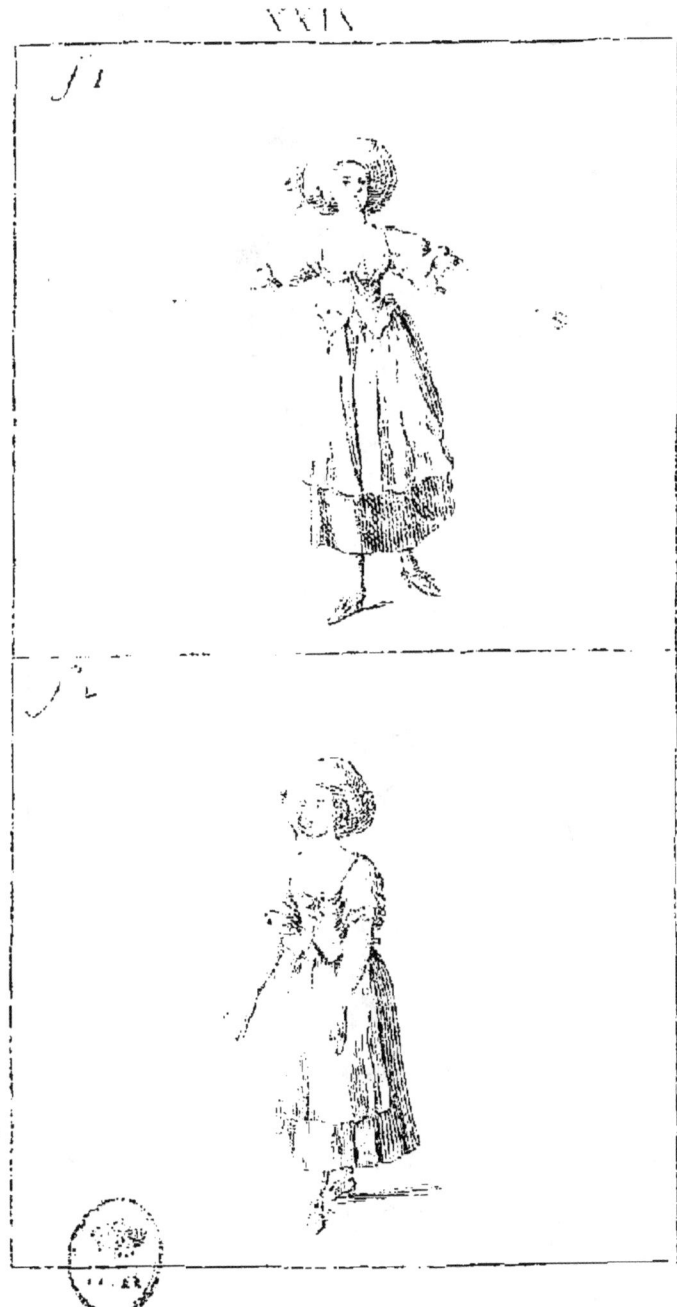

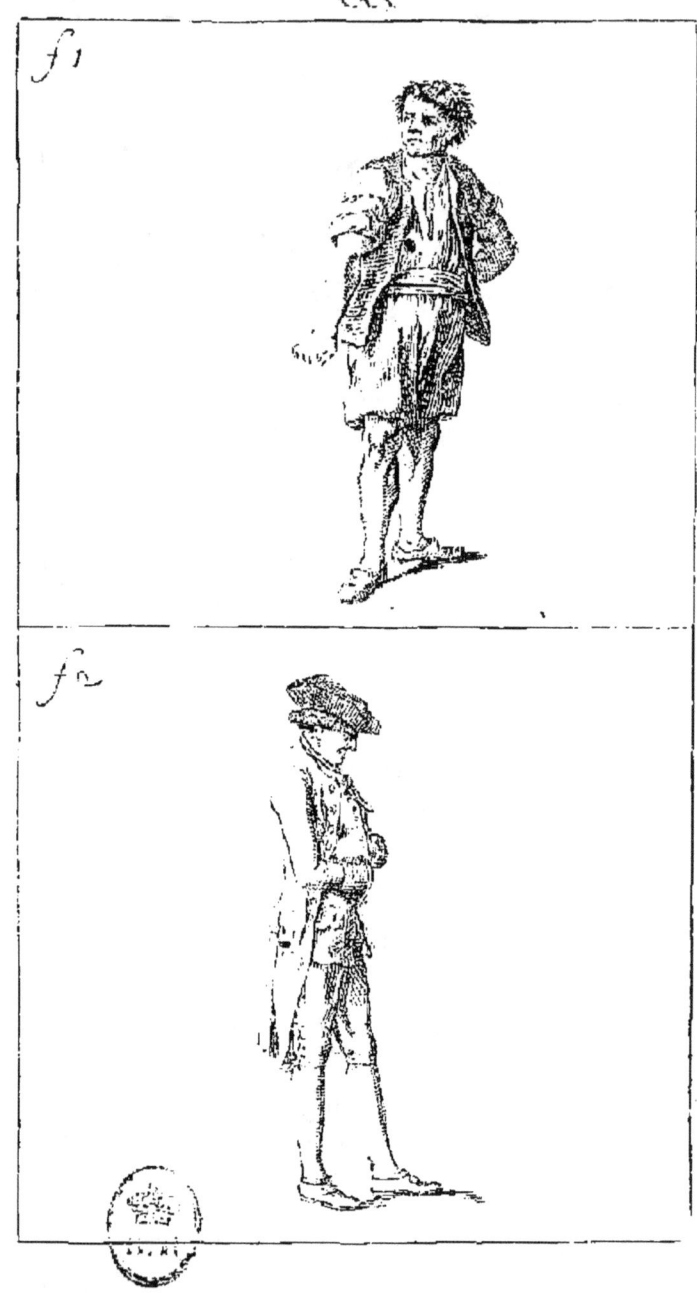

bord des dents par un mouvement foible & fugitif de la bouche, & vous aurez encore plus que l'expreffion du fimple contentement. C'eft de la joie, mais à fa naiffance ou à fa difparition : prefqu'à ce point, où elle eft également prête à s'élever à un degré fupérieur ou à tomber dans un calme parfait (1). Affoibliffez de la même manière les expreffions des autres affections ; par exemple, celle de la colère, qui grince des dents, & dont la fureur peut à peine fe contenir (2); ou celle de la plus profonde mélancolie, qui, fixant les yeux à terre, eft tantôt immobile, tantôt fe traîne avec effort. Confervez ici comme auparavant le genre, mais non pas toute la force de l'expreffion : que l'une jette le bras moins en avant, que le corps fe replie moins en arrière, & que le poing foit fermé avec des mufcles moins fortement tendus (3) ; que la tête de l'autre foit plus écartée du fein, que fes bras ne pendent pas fans vigueur, qu'elle les croife plutôt, &

---

(1) Voyez Planche XXIX, fig. 2.
(2) Voyez Planche XXVII, fig. 2.
(3) Voyez Planche XXX, fig. 1.

que ſes mains ſoient cachées dans l'habillement, mais non pas vers la partie ſupérieure de la poitrine (1), & vous aurez, je penſe, un aſſez grand nombre d'exemples pour que vous puiſſiez ſaiſir dans le général la différence qui s'offre à ma penſée ; c'eſt-à-dire, la différence qu'il y a entre l'expreſſion entièrement décidée, achevée & ſoutenue, & celle qui eſt moins complette, moins fixe, & ſuſceptible de degrés ſupérieurs ; deſorte que, par cette raiſon, elle peut plus facilement s'évanouir, adopter d'autres nuances, ſe mêler & ſe transformer dans d'autres expreſſions de différente nature.

Il en eſt de l'emploi de ces différentes expreſſions, comme des arts de la déclamation & du rhythme. L'art du geſte a auſſi ſes productions lyriques qui excitent l'enthouſiaſme, dans leſquelles il s'élève au plus haut degré de perfection en choiſiſſant les mouvemens les plus achevés & les mieux prononcés, afin de répondre complettement au caractère de chaque paſſion. Dans ce cas, cet art a les ſyllabes & le nombre déterminés du mètre ; c'eſt, pour

---

(1) Voyez Planche XXX, fig. 2.

ainsi dire, une musique pour l'organe de la vue, comme celle-ci est une danse pour l'oreille. Représentez-vous maintenant un danseur qui exécute une pantomime avec les mines & les attitudes plus superficielles & moins décidées, ou avec les mouvemens incohérens & négligés de l'acteur, & il produira sur vous le même effet, qu'un poëte qui compose des odes plates & prosaïques : les mouvemens de ce pantomime vous paroîtront indolens, ses expressions seront sans énergie & sans ame. Vous exigez qu'il représente avec enthousiasme l'affection dont il est supposé être animé. Vous voulez donc que dans la joie il soit vif, léger, semillant, qu'il vague, pour ainsi dire, dans l'air, & ne touche qu'un petit nombre de points de la terre Lorsqu'il s'agit de peindre l'amour, vous desirez que son regard soit doux & tendre; que le desir qui le porte vers l'objet aimé, se trouve mêlé d'une voluptueuse langueur, & qu'il embrasse cet objet avec ravissement. Si c'est le sentiment de l'orgueil qui le domine, vous demandez qu'il s'élève avec fierté, en jettant autour de lui des regards où se peignent sa satisfaction personnelle; &

que le mépris qu'il a pour d'autrui, se fasse connoître par sa démarche grave, mesurée, & qui lui fasse embrasser un plus grand espace de terrein; desorte que vous prodiguerez des applaudissemens d'autant plus vifs au pantomime, qu'il remplira de cette manière plus parfaitement votre attente. Cependant vous exigez que les lois du beau & de la convenance ne soient pas blessées ; il faut que le corps s'élève légèrement & sans roideur ; les bras doivent s'écarter de la ligne droite ; vous voulez que l'ouverture de l'œil & de la bouche n'offre pas les grimaces d'un masque indécent ; la langueur de l'amour ne doit pas devenir défaillance, ni son extase dégénérer en contorsion ; vous desirez que le mépris ne soit pas poussé jusqu'au dégoût réel ; à cela près, toute expression portée jusqu'à l'enthousiasme obtiendra votre suffrage. Au contraire, dans les sujets qui ne sont pas lyriques, c'est-à-dire, où l'on n'emploieroit pas le chant, mais seulement une déclamation plus soutenue comme dans le geste de l'orateur passionné, ou du lecteur inspiré, vous désapprouverez comme déplacés & peu naturels ces mouvemens trop prononcés qui conviennent uniquement au danseur pantomime. Cependant il est permis à l'orateur & au rhapsode de s'approcher des nuances plus décidées & plus achevées de l'expression, à mesure que leurs discours sont plus ou moins passionnés ; leurs attitudes & leurs mouvemens peuvent être plus développés, plus arrondis & plus soutenus que ceux du simple comédien ; car celui-ci est absolument astreint à un jeu libre & léger, qui de tems en tems peut s'approcher rapidement de l'expression pleine & entière des affections sans qu'il lui soit cependant permis de la porter au plus haut point. A la vérité, il peut y avoir des rôles où l'acteur devienne tour-à-tour poëte lyrique, orateur & rhapsode : que dans ces passages il en emprunte donc aussi le jeu ; mais pendant le dialogue proprement dit, dans la marche de l'action essentielle son jeu doit être aisé, léger & naturel ; il doit toujours se borner à pousser l'expression seulement jusqu'à un certain degré, & souvent à l'indiquer simplement, sans imiter dans ses mouvemens l'orateur, & moins encore le pantomime.

Le parallèle que je viens d'établir entre le jeu du geste & le nombre du discours & la déclamation, vous a fait deviner que je n'aime pas les pièces de théâtre écrites en vers. Je n'ignore pas qu'ici j'ai contre moi de grands exemples, le jugement de nations entières, & les raisonnemens de critiques & de littérateurs très-estimables ; mais la plus grande partie de la nation à laquelle je me fais gloire d'appartenir est de mon côté ; ainsi j'aurois tort de déguiser mon sentiment, que je ne cacherois pas même au milieu de Paris, & des admirateurs des tragiques françois. La tragédie en vers est depuis long-tems oubliée en Allemagne, & si elle reparoît encore de loin en loin, c'est toujours par ordre supérieur, & les chambrées ne sont jamais nombreuses. On y est dégoûté de ces déclamations ampoulées & de ces tirades monotones, qui sont inséparables de la versification, & dans lesquelles le poëte brille presque toujours aux dépens de la vérité, de l'intérêt, & de la marche de l'action ; l'on n'y aime pas non plus ce jeu guindé & exagéré, qui est une suite naturelle du développement poétique & oratoire des sentimens. Le kain, qui outroit toutes les expreſſions nobles, & qui, loin d'adoucir les baſſes & les communes, les falſifioit toutes, ne feroit pas aujourd'hui fortune en Allemagne, où il ne réuſſiroit que ſur le théâtre de quelque cour qui ſe pique de préférer le goût étranger au national. Au reſte, nous n'avons pas encore pu développer notre opinion à cet égard, & juſtifier la préférence que nous accordons à la proſe : il ne ſuffit pas de déclamer contre ce qui eſt faux, guindé & contraire à la nature ; ce n'eſt pas-là une démonſtration, mais un problême qui reſte à démontrer ; cependant, à mon avis, cette démonſtration me paroît très-poſſible, en développant davantage la nature du drame, & en la comparant avec celle du mètre.

LETTRE XXXV.

NE me taxez pas d'injustice envers le théâtre françois, ni de partialité pour celui des Anglois. En vérité, je ne mérite ni l'un ni l'autre de ces reproches, & si je n'ai pas fait mention du dernier théâtre, c'est que je n'y ai pas pensé, ou qu'à son égard j'aurois dû m'en rapporter entièrement à des autorités étrangères. Qu'on exagère à Londres aussi-bien qu'à Paris, & qu'un jeu qui tient de la fureur ou du délire blesse davantage le goût que ne le fait l'enflure, voilà ce qu'il m'est aussi peu possible de nier, que de réfuter votre assertion ; mais des fautes seront toujours des fautes, qu'elles soient commises par un petit ou par un grand nombre de personnes ; & si Quin joue mal à Londres, cela ne justifiera pas Lekain à Paris. L'unique & le véritable moyen d'excuser celui-ci, ainsi que je l'ai déja remarqué, c'est de dire qu'en voulant paroître noble, il est tombé dans le faux & l'outré. Les échasses sur lesquelles nous l'avons vu monté, n'étoient

pas

pas de son choix ; des mains étrangères les lui avoient attachées : ses poëtes étant ampoulés, comment pouvoit-il être naturel ?

Vous êtes impatient de connoître les raisons sur lesquelles je me fonde pour proscrire la versification du théâtre : à votre avis, cette dispute littéraire vous paroît épuisée ; cependant si ce n'étoit pas une digression, vous voudriez que je rentrasse en lice. —— Mais ce n'est pas là une digression, mon ami ; il est indifférent de suivre la route battue ou une autre qui lui est parallèle ; c'est-à-dire, de prouver que les pièces de théâtre doivent être écrites en une prose claire, coulante & naturelle, ou que le jeu en doit être léger, simple & aisé. Ces deux propositions demandent les mêmes preuves, & en choisissant de préférence la démonstration de la première, j'aurai l'avantage de pouvoir m'exprimer d'une manière plus nette & plus intelligible. Permettez-moi donc de substituer le nombre au jeu, d'appliquer à celui-ci les remarques que je ferai sur le premier, & d'apprécier avant tout les argumens avec lesquels on a jusqu'ici combattu & défendu la versification.

Tome II. G

Un des principaux argumens auxquels les partisans de la versification reviennent sans cesse, c'est l'exemple des auteurs Grecs & Romains. Je suis autant éloigné qu'un autre de traiter de simple préjugé cette prédilection si juste pour les anciens : cependant il me semble qu'on pourroit l'affoiblir sans danger relativement à la versification, & la respecter dans tout le reste. Si les Grecs ont été si parfaits dans chaque genre de poésie ; si, pour tout dire, ils paroissent si inimitables, c'est parce qu'ils furent des créateurs. L'affectation & la recherche de nouvelles beautés, qui, en général, ne peuvent se concilier ni avec la nature de la marche des idées, ni avec la forme & avec l'effet qu'on se propose de produire, ni en particulier, avec la nature du sujet qu'on a choisi, sont les seules causes qui nuisent aux genres, & aux productions particulières dans chaque genre. Mais cette affectation est l'ouvrage des imitateurs, qui gâtent tous les genres, parce que, voulant devenir créateurs à leur tour & se donner un air d'originalité, ils cherchent à surpasser leurs prédécesseurs : en traitant le sujet particulier d'un genre ils le dénaturent, parce que marchant avec une crainte ſervile ſur les pas de leurs modèles, ils prennent le plus petit écart pour une faute groſſière. Le véritable génie eſt diſtrait, ébloui ou égaré dans de fauſſes routes par l'attention qu'il donne aux grands modèles, ſi ſes prédéceſſeurs lui en ont tranſmis. Rien de tout cela n'eut lieu chez les Grecs qui furent les inventeurs de tous les arts. Comme tels, ils étoient originaux même en créant les genres dans toute leur vérité & ſimplicité ; ils ne cherchèrent pas à réunir des perfections incompatibles entr'elles, & parconſéquent ils ne purent ni manquer un effet, ni en produire aucun moins complettement qu'un autre. Leur génie & leur ſenſibilité ſe livroient entièrement à leur objet, ſans avoir d'égard pour aucun modèle, puiſqu'ils n'en eurent point ; & loin de vouloir y ajouter des beautés étrangères, ils ſe contentèrent de développer celles qui y étoient déja renfermées, en s'efforçant de produire ſur d'autres l'effet que, pendant leur travail, ils en éprouvoient eux-mêmes. Leur ouvrage prenoit toutes les formes dont il étoit ſuſceptible, & ils approchoient ainſi de la nature dans la perfection de fes productions, parce qu'ils imitoient la fimplicité, la liberté & la vigueur de fa manière d'opérer. Cet avantage difparut dans les tems poftérieurs, du moment qu'on eut des modèles à fuivre, & que certaines idées de perfection & d'effet eurent été adoptées ; de-là vient peut-être que les premiers ouvrages des Grecs (du moins autant que nous fommes en état d'en juger) font auffi les plus parfaits. Le poëme dramatique fut le feul qui ne fuivit pas chez les Grecs la même marche que les autres genres de leurs productions poétiques ; il ne fe développa pas de lui-même avec liberté & fans gêne : enté, dès fon origine, fur le genre lyrique, il en emprunta, en quelque forte, les formes ; de manière qu'il en réfulta un certain goût étranger, qui, à la vérité, fe perdit un peu avec le tems, mais jamais entièrement. Cette circonftance, qui accompagna la naiffance du théâtre, fut fans doute l'unique caufe de ce qu'Efchyle ne s'eft pas élevé à la hauteur à laquelle Sophocle atteignit en marchant fur fes traces. D'ailleurs, dans les premiers ouvrages des Grecs leur langue étoit trop fleurie, trop épique & trop exaltée (1). Par-conséquent sa prosodie, trop inégale & trop lyrique, ne pouvoit nullement convenir au dialogue (2). Il fallut donc que les Grecs cherchassent long-tems & avec beaucoup de peine la perfection qu'ils n'avoient pas trouvée d'abord : ils corrigèrent sans cesse jusqu'à ce qu'ils eurent substitué au style épique une diction plus simple & moins ornée, & préféré le vers ïambe au lyrique. D'après le témoignage d'Aristote (3), l'avantage du vers ïambe consistoit en ce qu'il se rapprochoit le plus de la prose; ainsi, suivant le sentiment de ce philosophe même, c'est la prose qui convient le mieux au poëme dramatique. Si les Grecs eussent continué à perfectionner leur théâtre, on peut raisonnablement supposer qu'en préférant le meilleur au

―――――――――

(1) Voyez *Aristot. Rhet. L. III*, c. 3. Οἱ τας τραγῳδίας ποιηταί ὥσπερ εκ των τετραμέτρων εις το ιαμβειον μετεβησαν, δια το τω λογω τυτο των μετρων ομοιοτατον ειναι των αλλων' ὅτω και των ονοματων αφηκατεν, ὅσα παρα την διαλεκτον εστιν· οἷς δ'οἱ πρωτον εκρωντο, και ετι νυν οἱ τα ἑξαμετρα ποιουντες, αφηκασι.

(2) Voyez aussi *De Poët.* c. 4. & *de Rhet. L. II*, c. 1, *L. III*, c. 3.

(3) *Idem*, aux endroits cités.

G 3

bon, ils auroient substitué la prose même à un mètre plus prosaïque. Mais ils furent dominés par un préjugé égal à celui qui asservit aujourd'hui nos voisins; personne n'eut le courage de bannir entièrement la versification de la scène dont elle s'étoit emparée; d'ailleurs, il leur parut que Sophocle avoit porté l'art au plus haut degré de perfection, & qu'après ses sublimes ouvrages il étoit impossible de rien produire de mieux. Aristote lui-même dit, « Qu'après beaucoup de changemens & de révolutions la tragédie se reposa, quand elle eut tout ce qui lui étoit propre (1) ».

Cependant il ne faut pas passer sous silence une circonstance importante qui auroit difficilement permis aux poëtes grecs d'introduire la prose dans leurs compositions théâtrales, quand même sa convenance auroit été généralement reconnue par la suite. Il s'agit de la grandeur extraordinaire de leurs théâtres & de la foule immense des spectateurs. Voici un passage de Diderot

────────────

(1) *De Poët. l. c.* πολλας μεταβολας μεταβαλουσα η τραγῳδια επαυσατο, επει εσχε την εαυτης φυσιν.

qui eſt trop curieux à tous égards pour ne pas le rapporter en entier. « N'eſt-il pas aſſez vraiſemblable », dit-il (1), « que le grand nombre de ſpectateurs auxquels il falloit ſe faire entendre, malgré le murmure confus qu'ils excitent, même dans les momens attentifs, a fait élever la voix, détacher les ſyllabes, ſoutenir la prononciation, & ſentir l'utilité de la verſification ? Horace dit du vers dramatique : *Vincentem ſtrepitus & natum rebus agendis* (2). Il eſt commode pour l'intrigue, & il ſe fait entendre à travers le bruit. Mais ne falloit-il pas que l'exagération ſe répandît en même-tems, & par la même cauſe, ſur la démarche, le geſte & toutes les autres parties de l'action ? De-là vient un art qu'on appella la déclamation.

» Quoi qu'il en ſoit ; que la poéſie ait fait naître la déclamation théâtrale ; que la néceſſité de cette dé-

―――――――――――――――――

(1) Diderot, *Second entretien après le Fils naturel.* Comparez-y Mercier, *Du Théâtre, ou Nouvel Eſſai ſur l'art dramatique*, p. 301, not. b.

(2) *Ad Piſones*, v. 82.

» clamation ait introduit, ait soutenu
» sur la scène la poésie & son emphase;
» ou que ce système, formé peu-à-peu,
» ait duré par la convenance de ses
» parties, il est certain que tout ce que
» l'action dramatique a d'énorme, se
» produit & disparoit en même-tems.
» L'acteur laisse & reprend l'exagéra-
» tion sur la scène ».

Maintenant adoptez de ces genres de représentations celui qui vous plaira le plus : celui de Diderot ou le mien, ou l'un & l'autre; l'argument fondé sur l'exemple des anciens n'en sera pas moins affoibli dans tous les cas. Si les anciens n'avoient pas atteint la perfection idéale de la scène, il s'ensuivroit que nous devons nous efforcer moins à les égaler qu'à les surpasser; & si la versification tenoit chez eux à de certaines circonstances étrangères, il faut que l'une cesse du moment que les autres n'existent plus; car ce seroit une folie que de vouloir conserver une chose dont on peut se passer, & tandis que le besoin qui l'a fait inventer n'a plus lieu. Si, par une conséquence naturelle, on suppose que le jeu théâtral des anciens ait été analogue au reste de leur systême dramatique, & qu'il ait pris un caractère plus élevé & plus pompeux, il ne peut alors ni ne doit faire loi pour les acteurs modernes. Le ton des ouvrages mêmes peut fe changer, & la manière de les repréfenter peut non-feulement, mais doit en effet éprouver les mêmes changemens.

Il vous eft très-facile d'appercevoir les avantages qui réfultent de ce raifonnement : à la vérité, rien n'eft encore prouvé en faveur de la profe; mais on peut dire qu'il n'y a également rien de prouvé contre elle ; de manière que les deux parties fe trouveroient encore d'une égale force, fi ceux qui plaident la caufe de la verfification ne s'étoient pas attachés précifément à détruire le principal argument allégué en faveur de la profe. Il y a plus de quarante ans qu'un écrivain allemand fe déclara contre l'emploi de la verfification dans les pièces de théâtre, qu'il regardoit comme invraifemblable & contre nature : « Car,
» difoit-il, des hommes qui développent
» leurs penfées fans y être préparés ne
» peuvent s'amufer à compter des fyl-
» labes & à difpofer méthodiquement
» leurs difcours fuivant tel ou tel mètre;

« en un mot, il est impossible qu'ils
» parlent en vers sans s'écarter de la
» nature & de la convenance (1) ».
Schlegel, quoique l'ami de cet écrivain, défendit avec beaucoup de vivacité la cause de la versification, à laquelle il tenoit comme poëte comique ;
il convint à la vérité de l'invraisemblance, mais il nia hautement qu'une
comédie écrite en vers doit être regardée comme moins bonne qu'une comédie écrite en prose. Selon lui, on donnoit une trop grande extension au principe de l'imitation ; & en effet, si ce
principe n'est pas circonscrit par une
détermination bien précise, on peut
s'en servir avec succès pour détruire
toute la poésie en général. « Il n'existe,
» dit Schlegel, aucune production de
» l'art, quel qu'en soit le genre, qui
» ne pèche contre la vraisemblance
» d'une manière ou d'une autre ; la co-
» médie même, sans parler de la versifi-
» cation, a d'autres défauts de cette
» espèce, que non-seulement on to-

---

(1) *Supplémens critiques*, n. 23 de l'année 1740. *Preuves qu'une comédie écrite en vers ne peut pas être bonne.* (en allemand.)

» lère ; mais qu'on exige même expres-
» sément. Personne ne demande une
» exacte & scrupuleuse imitation de la
» nature ; le bon goût en seroit même
» blessé. C'est une règle générale pour
» tout artiste de ne jamais rendre son
» ouvrage d'une si parfaite ressemblance
» à l'original, qu'aucune marque sen-
» sible ne puisse en indiquer la diffé-
» rence. Or, dans la comédie la ver-
» sification est précisément le moyen
» le plus heureux qu'on puisse employer
» pour distinguer l'imitation des évé-
» nemens de la vie, de la réalité même
» de ces événemens : les mœurs, les
» actions, les discours, tout en un mot
» est pris dans la nature. On ne doit,
» en général, porter aucune atteinte
» à la vérité, en imitant tout ce qui
» est essentiel ; mais il ne faut pas non
» plus oublier jamais qu'on est poëte,
» & que le devoir de celui-ci est de tra-
» vailler à produire le plus grand plaisir
» possible ; parconséquent à réunir tou-
» tes les beautés qui ne sont pas incom-
» patibles entr'elles. Par cette raison
» on cadence le discours par un mètre
» nombreux & harmonieux ; &, en rem-
» plissant ainsi l'obligation des artistes,

» en général, on satisfait en même-
» tems au devoir particulier du poëte :
» on distingue l'imitation de l'original,
» & ce même moyen sert à flatter
» agréablement l'oreille (1) ».

Aucun des apologistes postérieurs de la versification n'a donné des raisons qui soient préférables à celles de Schlegel que je viens de rapporter. Celles de Hurd ne présentent pas la même finesse, & n'ont pas autant de poids (2) ; aussi je ne me rappelle pas que personne les ait jamais combattues d'une manière victorieuse. Au contraire, les raisonnemens des critiques paroissent autant favoriser la versification que le sentiment des amateurs de la scène y semble être défavorable. Si par hasard la prose obtient quelquefois la préférence, ce n'est uniquement que parce qu'on exige une plus grande perfection de la part du poëte que du prosateur ; que les perfections essentielles du drame

---

(1) Voyez les Œuvres de Jean-Elie Schlegel, T. III, n. 4. Lettre sur la Comédie écrite en vers. (en allemand.)

(2) Voyez Epîtres d'Horace aux Pisons & à Auguste, Partie II, Dissertation I.

ne s'allient que difficilement à une verſification aiſée & coulante ; & qu'après tout, le ſimple plaiſir de l'oreille ne mérite ni le ſacrifice de beautés ſublimes, ni les peines infinies qu'il en coûte au poëte pour les exprimer en beaux vers. --- Vous voyez que ce raiſonnement aſſure tous les avantages à la verſification ; elle reſte en poſſeſſion de l'idéal, & la proſe n'eſt qu'un pis-aller pour celui à qui la nature a refuſé le génie poétique. Mais la cauſe de la proſe eſt-elle en effet aſſez mauvaiſe, pour que l'on ſoit forcé de ſe ſoumettre à de pareils argumens ? Cela arrivera ſans doute, à moins qu'on ne prouve que la proſe mérite la préférence ſur la verſification par l'idéal du drame ; qu'après la mort de Molière, on n'auroit pas dû mettre ſon *Avare* en vers ; qu'au contraire, il auroit fallu mettre en proſe ſon Miſanthrope ; que même la tragédie écrite en vers eſt infiniment plus foible que celle qui eſt en proſe. --- Je dis plus foible, parce que dans ce genre de poëmes il ne s'agit pas de rhythme & d'harmonie, mais du plus grand effet poſſible, & parce que c'eſt encore une queſtion à examiner, si le rhythme & l'harmonie du vers concourent toujours à l'effet, ou si l'effet n'en est pas quelquefois affoibli? Je le répète, il faut fournir la preuve complette que je viens d'indiquer, ou l'on fera mieux d'abandonner la partie. Il seroit honteux de triompher moins par le mérite & le bon droit de sa cause, que par l'abandon généreux que la partie adverse pourroit faire de ses moyens de défense.

La suite vous démontrera si je suis en état de fournir réellement la preuve qu'on exige. Pour le moment je me borne à observer qu'en reprochant au geste plus pathétique de ne pas être naturel, on en tirera aussi peu d'avantage qu'en faisant le même reproche au rhythme du discours; car l'on pourroit répondre que ce jeu est un nouveau moyen de distinguer l'imitation de la nature, qu'il a plus de grace, plus de charme & plus de beauté que la manière ordinaire dont les hommes accompagnent & soutiennent leurs discours par des gestes ; qu'ainsi l'acteur peut & doit s'en servir, parce que son devoir, comme celui de tous les autres artistes, en général, est de chercher à exciter le plus grand plaisir par la réunion de toutes les beautés compatibles entr'elles. On ne peut nier que ce ne soit une faute grave de la part de l'acteur de rendre d'une manière fausse certains sentimens. Au reste, cette discussion ne seroit pas ici à sa place. Mais on ne peut lui faire aucun reproche de donner plus d'énergie à ses expressions, de manière même à s'élever au-dessus de la nature; parce que l'obligation où il est de produire le plus grand effet possible lui permet & lui commande même d'outrer son jeu. --- Vous reconnoissez sans doute ici la justesse de la remarque que j'ai faite plus haut; savoir, que les questions qui concernent le nombre & le geste sont les mêmes au fond, & qu'en répondant à l'une ou à l'autre on éclaircit également bien la matière,

LETTRE XXXVI.

Vous avez raison, mon ami; il y a plus d'exactitude & de justesse dans les recherches de M. Eberhard sur le principe de l'imitation que dans celles de ses prédécesseurs, & je vous remercie de ce que vous avez bien voulu rappeller à mon souvenir un ouvrage où j'ai puisé de nouvelles lumières. Il me semble que je n'aurois pas eu beaucoup de peine à associer mes idées à celles de ce philosophe; quoique, d'après un certain passage de son ouvrage, il paroisse vouloir favoriser la versification. Mais le plan de mon raisonnement étant déjà dressé il seroit trop pénible de le refondre : je préfère donc de jetter ici mes idées sur le papier dans le même ordre que je les ai developpées dans ma tête, en vous laissant le plaisir d'en faire la comparaison avec celles de l'auteur dont nous venons de parler.

Le poëte n'imite pas uniquement pour le plaisir d'imiter; le premier mérite de son ouvrage ne consiste pas essentiellement dans la plus parfaite ressemblance à la nature, mais dans le plus grand effet qu'il peut produire; & pour ne pas manquer cet effet, il lui est permis de s'écarter de l'original dans son imitation, en renchérissant sur ce que les bornes essentielles de son art lui commandent à cet égard. Voilà, ce me semble, autant de vérités, sur lesquelles nous sommes tous d'accord. Nous voulons qu'on retranche tout ce qui peut affoiblir l'effet ou lui nuire, & qu'on y ajoute tout ce qui peut le favoriser ou l'augmenter. Mais je crains que nous n'ayons souvent une idée trop générale de cet effet, & que par rapport à lui nombre de choses ne nous paroissent plus indifférentes & plus insignifiantes qu'elles ne le sont réellement. Chaque poëte a sans contredit pour but de causer du plaisir; mais combien les espèces de ce plaisir ne peuvent-elles pas être multipliées & variées? Ce qui convient à l'une est souvent incompatible avec l'autre : tel assaisonnement qui relève le goût d'un mêt rendroit un autre fade. Des beautés très-compatibles, en général, avec l'idée d'un poëme, peuvent cependant se trouver en contradiction avec un genre particulier de poësie, où le plaisir de l'ame doit être le résultat d'une espèce déterminée d'occupation ; ainsi tout ce qui détruit celle-ci, doit nécessairement détruire l'autre. Qu'on ne se hâte donc pas de conclure, que tous les poëmes peuvent & doivent être écrits en vers, parce que le but principal du poëte est de plaire, & que l'effet de la versification consiste à produire du plaisir. Qu'on se demande plutôt auparavant, si la versification n'a pas quelque propriété particulière, qui gêne autant une espèce d'occupation agréable de l'ame qu'elle en facilite une autre ?

La versification n'est pas, ainsi qu'on le croit, en général, une chose de pur agrément ; il ne faut pas la considérer simplement comme un bel organe, dont le ton plein, pur & arrondi rend la prononciation plus nette & plus sonore, & qui par cette raison devient précieux pour toute espèce de déclamation ; la versification par elle-même dispose déjà à la déclamation ; elle la favorise & invite à l'employer ; elle donne plus de caractère, plus d'énergie au discours & sert, en même temps, de moyen pour en faire sortir le sens & le sentiment d'une manière plus frappante. Chaque mètre est une imitation d'une certaine marche caractéristique des idées & de leur dévelopement ; il répond donc à une certaine espèce particulière de sentiment & de situation de l'ame, en conservant toujours son caractère propre, tantôt plus caché, tantôt plus fortement prononcé. Dans l'un de ces mètres adoptés par la poësie, l'on ne peut méconnoître la mollesse & la douceur ; l'autre est plein de feu & d'énergie, tandis qu'un troisième se distingue par un ton sévère & majestueux : celui-ci est inégal & rapide, celui-là se traîne avec langueur ; pendant que l'un élève l'ame, l'autre l'abat ; en un mot, leurs mouvemens sont égaux, heurtés, doux ou pompeux selon leurs propriétés respectives. Par cette raison le choix du mètre ne peut pas être indifférent au poëte, qui doit avoir soin de le déterminer d'après l'effet qu'il veut produire ; & son ouvrage manquera plus ou moins son effet suivant que ce choix sera heureux ou mauvais.

Maintenant représentez-vous un mètre composé entièrement de mesures, peut-être aussi de rhythmes pareils

& uniformes ; & vous ne tarderez pa[s] à concevoir, que leur emploi peut contribuer infiniment à augmenter l'effe[t] d'un poëme lyrique, didactique ou d[u] genre descriptif. Mais en sera-t-il de même de l'effet d'un ouvrage dramatique ? --- Un sentiment unique domine dans l'ame du poëte lyrique ; elle en es[t] pénétrée ; ses facultés, ses affections les plus secrettes, montées, pour ainsi dire, toutes à l'unisson, en sont maîtrisées. Que ce sentiment soit de la joie, de l'amour, de l'orgueil ; en un mot, une de ces affections dont la marche est égale, régulière & uniforme : quel moyen plus naturel & plus propre à produire le même sentiment dans l'ame de l'auditeur pourra employer le poëte, que celui d'une suite de syllabes d'une mesure uniforme & rigoureusement adaptée à la marche de ce sentiment ? Dans des vers d'une mesure égale ou suivis régulièrement de vers d'une mesure moins longue, dont la cadence épuise sans effort la respiration soutenue jusqu'alors, la mollesse & l'indolence du trochée conviendront le mieux au sentiment triste qui allanguit l'ame du poëte élégiaque; sentiment qui, depuis son origine jusqu'à sa fin, se développe d'une manière lente & uniforme, sans écarts brusques & sans transitions inattendues. Des impressions analogues à la marche des idées produites par le poëte sur les sens de l'auditeur détermineront donc dans l'ame de celui-ci une succession égale des mêmes idées. Dans la poéfie descriptive, lorsque le poëte-peintre, après avoir considéré son objet sous tous les aspects, en conserve une impression aussi vive que durable d'étonnement, de satisfaction, ou d'un charme sympathique; combien alors le mètre choisi & travaillé avec soin ne peut-il pas augmenter l'effet du tableau! Et dans le poëme didactique, lorsque l'indignation avec laquelle le poëte poursuit les vices, remplit entièrement son ame, en même-tems que le sentiment de la grandeur, de l'importance & du caractère sublime des vérités qu'il annonce, en dirige toutes les facultés vers un objet unique, le choix du mètre convenable ne peut manquer de rendre sa verve plus énergique. Si dans l'un ou l'autre genre de ces poëmes il se présente certaines dégradations, de légers mêlanges de sentimens étrangers, ou des digressions intéressantes à employer, il est facile de les faire valoir avec succès, soit par la mesure & l'harmonie de mots propres, bien choisis, par la distribution adroite de la césure, par de petites irrégularités ménagées à dessein, ou par un différent arrangement des périodes. Je conviens qu'il n'est ni naturel, ni vraisemblable qu'un cœur plein d'un sentiment quelconque, ou qu'un esprit occupé de la recherche de vérités importantes, s'attache avec tant d'attention à la partie mécanique du discours; cependant il faut convenir que l'emploi heureux de cette même partie, (pourvu que le travail qu'il coûte soit caché avec art) contribue infiniment à augmenter l'effet ; & le premier devoir du poëte est de produire de l'effet.

Le poëte dramatique se trouve dans une position très-différente. Qu'on cherche à approfondir les propriétés essentielles de ce genre de poésie, & l'on reconnoîtra sur le champ que dans la tragédie, ainsi que dans la comédie, l'ame ne doit pas être affectée d'un seul, mais de plusieurs sentimens, dont la variété, ménagée par des transitions & des oppositions heureuses, fait toute la beauté des pièces de théâtre, en même-tems qu'elle en assure l'effet. Mais si c'est-là le but que le poëte dramatique doit se proposer, il reste à savoir s'il peut lui être avantageux de s'assujettir dans tout le cours de son ouvrage à un mètre invariable ? N'affoiblira-t-il pas l'expression de nombre de sentimens par le défaut d'harmonie qui se trouvera entre la partie mécanique & le véritable sens du discours : par exemple, en rendant les emportemens de la colère par les mêmes trochées dont se sert la douce & sensible pitié ; ou en faisant employer par celle-ci les mêmes ïambes par lesquels la colère aime à s'exprimer, ne diminuera-t-il pas l'effet dans l'expression de l'un & de l'autre sentiment ? Les anciens, qui paroissent avoir senti mieux que nous cette disconvenance, eurent grand soin, par cette raison, de ne pas employer, dans leurs ouvrages dramatiques, un mètre régulier ; ils le varièrent sans hésiter par-tout où le changement de la nature d'une passion paroissoit le demander; & peut-être ne seroit-ce pas un travail tout-à-fait ingrat pour quelque moderne Démétrius Triclinius de parcourir les tragiques grecs, uniquement dans la vue d'apprécier le motif de pareilles variations, à raison des situations & des nuances que prenoient les affections dominantes de leurs personnages. A la vérité, Quintilien a blâmé Térence de ce qu'il n'avoit pas constamment employé le vers ïambe de six pieds (1); mais avec quelle raillerie amère Bentley n'a-t-il pas relevé cette critique (2)? Il me semble

---

(1) *Instit. Orat. L. X. c. 1. In comœdia maxime claudicamus — — licet Terentii scripta ad Scipionem Africanum referantur: quae tamen sunt in hoc genere elegantissima, & PLUS ADHUC HABITURA GRATIAE, SI INTER VERSUS TRIMETROS STETISSENT.*

(2) *In Praefat. ad Terent. — Mirificum sanè magni Rhetoris judicium! — — Crederes profectò, hominem nunquam scenam vidisse, nunquam comœdum partes suas agentem spectavisse. Quid volebat? Quod nec Menander nec ullus graecorum fecit, Terentius ut faceret? UT IRA, METUS, EXULTATIO, DOLOR, GAUDIUM, ET QUIETAE RES ET TURBATAE, EODEM METRO LENTÈ AGERENTUR? Ut tibicen paribus tenis perpetuoque cantico spectantium aures vel delassaret vel offenderet? Tantùm abest, UT EO PACTO PLUS GRATIAE HABITURA ESSET FABULA, ut quantumvis benè morata, quantumvis bellè scripta, gratiam prorsus omnem perdidisset. Id primi artis inventores pulchrè videbant, delectabant ergò varietate ipsâ diversaque ἐν καὶ παθη diverso carmine representabant. Marius Victorinus, p. 2500: NAM ET MENANDER IN COMOEDIIS FREQUENTER A CONTINUATIS IAMBICIS VERSIBUS AD TROCHAICOS TRANSIT ET RURSUM AD IAMBICOS REDIT. Non ita tamen agebant veteres, ut ab uno in aliud*

qu'on pourroit juſtifier Quintilien ; cependant Bentley a ſans contredit raiſon, de ſoutenir que c'eſt pécher contre toute convenance que d'aſſujettir à un mètre invariable & uniforme l'expreſſion de tant d'affections ſouvent diamétralement oppoſées entr'elles. Je ne diſconviens pas que la déclamation puiſſe diminuer cette faute & peut-être la rendre preſqu'inſenſible ; moins cependant dans les vers alexandrins que dans les ïambes de dix pieds. Mais je penſe que l'effet feroit toujours plus grand, ſi, en venant au ſecours de l'acteur par une ordonnance convenable du mètre, on l'invitoit, par le moyen du nombre, au véritable genre de déclamation ; en lui aſſignant ou en lui donnant, pour ainſi dire, le ton, afin qu'il ne puiſſe le manquer dans aucune ſituation ; en un mot, ſi le poëte dramatique, loin d'augmenter le travail de l'acteur, vouloit le lui alléger, en indiquant, par le choix exact du mètre, les nuances & l'accent de la déclamation que l'expreſſion de l'affection dominante exige.

―――――

planè contrarium repentè exilirent, ab jambicis in dactylicos, ſed in propinquos trochaïcos, ipſo tranſitu paenè fallente.

Les poëtes modernes, de tous les pays de l'Europe, paroiſſent avoir fait plus de cas du jugement de Quintilien, que de l'exemple qui leur a été donné par Sophocle & par Ménandre. Autant que je m'en ſouviens, ils ont tous préféré le mètre uniforme à celui dont la meſure eſt variée ou mêlée ; la plupart même ſe ſont aſſujettis à la rime ſans aucun égard aux raiſons par leſquelles différens critiques, & principalement Iſaac Voſſius (1), ont combattu ce double abus. Ce fut ſans doute la force de l'habitude, peut-être auſſi un certain ſentiment confus d'une plus

_____

(1) *De Poëmatum cantu & viribus Rhythmi*, p. 79, ſeq. —— *Antiqui jambicos verſus trochaïcis & anapaeſticis ſoliti fuere alternare, cum varietas delectat & ſimilitudo mater ſit ſatietatis.* HUC ACCEDIT, QUOD, CUM IN OMNIUM DRAMATUM GENERE DIVERSORUM AFFECTUUM ET PERSONARUM HABENDA SIT RATIO, ABSURDUM OMNINÒ SIT, SI OMNIA EODEM METRO PERAGANTUR, A QUO TAMEN VITIO HODIERNI COMICI ET TRAGICI NON SIBI CAVENT, UTPOTE QUORUM INTEGRA DRAMATA EODEM CARMINIS GENERE ABSOLVANTUR. *Multo etiamnum magis id ipſum offenderet, ſi in hodierna poëſi quantitas metrica obſervaretur.* NAM CUM SINGULI AFFECTUS PECULIARES HABEANT MOTUS, ANNON IPSI NATURAE VIS INFERTUR, SI CONTRARIOS AFFECTUS IISDEM EXPRIMAMUS MOTIBUS?

grande beauté que produit l'uniformité du mètre, qui les engagèrent à rejetter avec opiniâtreté le fentiment que ces critiques leur ont oppofé. Quoique la vérité de ce fentiment me paroiffe inconteftable, néanmoins les motifs fur lefquels il eft appuyé ne me fatisfont pas entièrement, puifque je prétends bannir de tout ouvrage dramatique la verfification, pour mettre à fa place la profe; car ces motifs ne profcrivent pas ce mêlange du mètre ufité chez les anciens, dont la foupleffe, en adoptant, par exemple, dans le hexamètre des mefures très-variées, le rend propre à toutes fortes d'expreffions. Je prévois que, pour profcrire également ce dernier mètre moins monotone, il faudra puifer dans la nature même du drame des moyens plus décififs que ne le font les raifons des critiques dont je viens de parler.

LETTRE XXXVII.

La remarque, que le poëte épique se montre lui-même sur la scène, tandis que le poëte dramatique, au contraire, se cache derrière les personnages qu'il fait agir sur le théâtre, est aussi ancienne, qu'elle a été peu approfondie relativement aux conséquences importantes qui en découlent. Voici, ce me semble, la meilleure manière de rendre l'idée qu'on attache à cette remarque. Dans le récit épique il n'y a qu'un seul personnage qui raconte de suite les événemens qui font l'objet de son poëme; avant que de communiquer ses idées à autrui, il les a déja conçues, classées, embellies, de sorte que dans le moment même du récit aucun autre objet n'occupe ni son esprit ni son cœur. Le poëme dramatique, au contraire, offre des personnages, qui, dans chaque situation du moment, se trouvent dans l'embarras réel des personnes qui se communiquent leurs idées à l'instant même qu'elles les conçoivent, & leurs affections au moment qu'elles en éprouvent l'impreſſion ; de manière que, loin d'être uniquement occupées à exprimer ces ſentimens & ces idées, elles tendent toujours à un but déterminé, & s'élancent ſans ceſſe, par la penſée, dans l'avenir, en éprouvant continuellement des modifications & des changemens, ſouvent contraires, dans leur ſituation intérieure & extérieure, ſoit par leur action propre, ſoit par des impulſions étrangères. Dans le récit, nous entendons parler un témoin qui embraſſe d'un coup-d'œil toute la ſuite des événemens qu'il raconte, & qui en connoît toutes les parties ſuivant leurs rapports ; qui, au ſurplus, en nous plaçant dans ſon point de vue, veut nous faire partager l'impreſſion que cette ſuite d'événemens paſſés, & ſeulement intéreſſans pour l'imagination, a produite ſur lui-même. Il a le droit de rejetter de ſon récit tous les détails peu importans, ou de les rapprocher ; il lui eſt permis de donner ſeulement les réſultats de longs diſcours, de ſéries entières de ſentimens variés, & de longues réflexions, qui, lorſqu'elles occupoient l'ame de ſes héros, étoient souvent accompagnées d'embarras & d'inquiétude. Quand il fait parler ses personnages, il ne lui est pas interdit d'abréger leurs discours, & d'en donner seulement le résumé, pourvu qu'il n'en altère point l'essence; & rien ne l'empêche de présenter leurs idées dans une liaison, que dans le principe elles ne devoient, ni ne pouvoient même pas avoir; enfin, comme un témoin qui se rappelle moins les mots que les choses, il peut prêter à ses personnages ses propres expressions, toutefois en caractérisant leurs discours par le sentiment principal qui convient à chaque situation. Il n'en est pas ainsi du drame. Dans le moment que nous voyons agir, nous entendons aussi parler les personnages eux-mêmes; pour eux le moment présent est réel, & l'avenir incertain; ils le présentent à nos regards dans chaque situation sous les formes propres à leurs caractères, avec les plus légères modifications de leur ame, & avec les impressions fugitives & foibles, que, durant le développement de l'intrigue, la réaction continuelle de l'un sur l'autre produit alternativement & sans aucune interruption; leur sentiment, toujours conforme à la situation, se montre sans cesse tel qu'il est; foible ou impétueux à sa naissance, impérieux dans ses progrès, maîtrisé quelquefois, ou à demi éteint, caché pour un moment, pour reparoître ensuite avec plus de force; en un mot, aucune de ces nuances n'est perdue pour le spectateur, & sous ses yeux les personnages forment, abandonnent, reprennent, modifient, rejettent ou adoptent les projets que commandent les événemens ou les circonstances dont ces événemens sont accompagnés.

Tous les traits caractéristiques qui distinguent les personnages du poëme dramatique de ceux de tout autre poëme peuvent être présentés à l'esprit en une seule idée, qui est celle de la réalisation de leur présence actuelle; c'est-à-dire, de faire penser, parler & agir ces personnages de manière que l'action paroisse se passer réellement sous nos yeux; & c'est de cette magie, qui en impose à notre imagination, que dépend tout l'effet du poëme dramatique. Le plaisir qu'il doit causer est visiblement fondé sur cette connoissance complette de la manière dont se forment le nœud, l'intrigue & la cataſtrophe d'une action ; ſur le talent du poëte dramatique à familiariſer le ſpectateur avec les caractères des perſonnages, qui, d'un moment à l'autre, ſe manifeſtent ſuivant leurs qualités individuelles, ainſi que ſur l'intérêt le plus intime que le ſpectateur prend au ſort des perſonnages qui doivent l'exciter ; intérêt qui ne peut avoir lieu dans toute ſa plénitude qu'avec la connoiſſance complette de leurs penchans & de leurs ſentimens les plus ſecrets, ainſi que de tous les détails de la ſituation de leur ame, & de l'état des circonſtances qui peuvent y avoir quelque influence.

Cela poſé, rappellez-vous maintenant la règle ſuivant laquelle il faut que le poëte, en général, évite tout ce qui peut affoiblir l'effet, pour s'attacher avec le plus grand ſoin à tout ce qui peut en aſſurer le ſuccès. En faiſant l'application de cette règle au poëte dramatique, il en réſultera qu'il ne doit jamais mettre dans ſon imitation rien qui puiſſe nuire à l'idée de la réalité du ſujet, & moins encore qui puiſſe la détruire. Tous les changemens qu'il peut ſe permettre de faire au ſujet qu'il traite pour en augmenter l'effet, l'effet, éviter les détails ennuyeux, faire sortir les caractères & les situations intéressantes, ne doivent porter aucune atteinte à cette illusion qui nous fait croire que nous sommes réellement les témoins de l'action qu'on représente; au contraire, il faut que ces changemens soient toujours subordonnés à la situation du moment, aux idées qui s'y développent, aux sentimens & aux desseins qu'ils font naître. Notre ame a d'elle-même un sentiment qui ne la trompe jamais; elle cherche à trouver sa propre nature en autrui, & ne peut subir cette métamorphose qu'autant qu'elle y reconnoît les mêmes qualités qui constituent son essence. Un écart complet de ce qui, suivant son sentiment, est uniquement vrai, doit nécessairement détruire l'impression que l'ame en devroit recevoir; un écart moins grand rendra cette impression lente, foible & confuse. Ayons soin parconséquent de rejetter du drame tout ce qui peut offrir la plus petite contradiction & le plus léger désaccord avec son essence; bannissons-en tout ce que l'ame ne pourroit pas éprouver par elle-même, en prenant la place des personnages suivant les différentes situations dans lesquelles ils se trouvent sur la scène ; supprimons tous ces sentimens que sa nature se refuse de partager, & qui font naître des difficultés & des obstacles incompatibles avec les lois qui dirigent l'exercice de ses propres facultés.

Maintenant vous me permettrez, mon ami, de transformer en autant de questions quelques observations dont j'ai besoin pour completter ma preuve ; car n'est-ce pas en prenant pour juge le sentiment intérieur & incorruptible de tout homme exempt de prévention & de préjugé, qu'on parvient à mettre hors de doute la vérité des observations qu'on peut faire sur ce qui se passe dans notre ame ?

Ainsi, ne trouvez-vous pas, 1°. que chaque degré de sentiment, qui, dans le moment, ne doit pas avoir lieu, & qui même peut-être ne devroit l'avoir jamais, vous révolte autant que si vous apperceviez un effet sans cause ? Ne trouvez-vous pas également que tous les tons outrés vous blessent, lorsque le caractère & la situation des personnages exigent un moindre degré d'énergie ? Or, si dans le poëme dramatique les momens de désordre sont souvent remplacés par des inſtans de tranquillité ; ſi ſouvent les choſes les plus froides & les plus indifférentes en elles-mêmes doivent être dites, non pas par les perſonnages ſecondaires, mais par les principaux de la pièce, l'effet néceſſaire de chaque ton paſſionné & déplacé ne ſera-t-il pas de détruire votre plaiſir ; ou, ce qui revient au même, l'illuſion ſans laquelle le plaiſir ne peut avoir lieu ? Une trop grande égalité ne fera-t-elle pas tort au mérite eſſentiel des ouvrages dramatiques, c'eſt-à-dire, au développement exact & à la belle gradation des ſentimens.

2°. Votre ſentiment intérieur ne vous dit-il pas qu'aucun objet ne peut au premier moment s'emparer aſſez de toutes les facultés de notre ame pour qu'elle règle ſubitement, d'après un principe déterminé, la marche négligée & irrégulière de ſes idées, de ſorte qu'elle ſe trouve à l'inſtant même montée à l'uniſſon avec la totalité de ſes idées & de ſes ſentimens ? Ne trouvez-vous pas que de l'état de quiétude & d'indifférence il n'y a jamais de paſſage bruſque à l'état d'une affection entièrement décidée ? qu'il eſt, pour ainſi

dire, nécessaire d'employer plusieurs
secousses, & d'exciter plusieurs vibrations successivement plus fortes, pour
imprimer à l'ame un mouvement déterminé & uniforme, quelle qu'en soit
l'espèce ? Or, si dans telle situation du
drame les sentimens ne commencent souvent qu'à naître ; si du moment de leur
origine ils sont ordinairement très-foibles, très-indécis & très-équivoques ; si
beaucoup de ces sentimens, après une
durée momentanée, s'évanouissent, se
métamorphosent & se confondent avec
d'autres d'une espèce différente ; n'arrivera-t-il pas encore que l'illusion se trouvera détruite par tout ce qui ramène
à cet unisson, à cette situation fixe &
à ce sentiment déterminé de l'ame ;
& cet intérêt puissant qui entraîne le
spectateur au point de le porter à se
mettre à la place des personnages ne
deviendra-t-il pas impossible ?

3º. En vous observant vous-même
avec un peu d'attention, ne remarquez-vous pas que cette marche déterminée
des idées n'a lieu dans l'ame que lorsqu'elle embrasse avec toute l'énergie
possible un seul objet intéressant, &
qu'aucune idée étrangère n'occupe ses

autres facultés ? que le sentiment ne peut remplir pleinement le cœur, lorsque la tête est occupée de quelque projet, ou pendant que le jugement cherche & examine des moyens pour parvenir à ses fins ? Un pareil partage des facultés de l'ame affoiblit non-seulement leur énergie ; mais aussi les sentimens qu'excitent le plus ou le moins d'apparence de succès, la nature de tel ou tel moyen, la possibilité de tels ou tels événemens, & les rapports de tel ou tel personnage ; ces sentimens secondaires, dis-je, diminuent l'énergie du sentiment principal en causant mille mélanges & un grand nombre d'écarts, incompatibles avec cette marche franche & ce tact sûr des idées dont j'ai fait mention plus haut. Et si véritablement les personnages d'un drame ont rarement le loisir de s'abandonner entièrement aux impressions qu'ils reçoivent ; si chaque impression qui les affecte réveille plutôt leur activité en remplissant leurs têtes de projets, & si l'examen & l'exécution de ces projets occupent leurs cœurs de sentimens disparates ; alors tout ce qui contrarie ce partage & cette distraction des facultés de l'ame, tout ce qui indique un jeu libre de l'imagination, ou du moins une attention arrêtée fur un feul objet, ne deviendra-t-il pas dangereux à l'illufion ? Et fi cette illufion, ou la perfuafion de voir une action véritable & actuelle eft détruite, fera-t-il poffible que le fpectateur en foit touché?

4°. Votre conviction intérieure ne vous dit-elle pas que le paffage brufque d'un fentiment décidé à un fentiment oppofé eft fouvent beaucoup plus faux & moins convenable à la nature de l'ame, que la tranfition fubite du repos de celle-ci à un fentiment quelconque ? Que, par exemple, il vous eft impoffible de paffer rapidement de l'emportement de la colère à la douce langueur de l'amour, ou d'une profonde mélancolie à la joie vive & légère ? de même qu'il faut du tems pour qu'un ciel couvert n'offre plus qu'un azur pur & fans nuages, ou pour que les flots d'une mer en courroux redeviennent unis comme la furface d'une glace. Parconféquent, fi l'on confidère la mobilité continuelle des fentimens dans le poëme dramatique tout ce qui contrarie la marche conftante de la nature, tout faut, toute transition subite & brusque d'un sentiment à un autre empêchera l'illusion & l'effet, précisément parce que le spectateur ne pourra pas suivre ces changemens rapides avec une égale célérité ?

Je me flatte que vous ne répondrez négativement à aucune de ces questions, & que toutes les observations sur lesquelles elles sont fondées vous paroîtront aussi vraies que frappantes ; ajoutez-y maintenant la remarque que j'ai rapportée dans ma précédente lettre, & qui n'avoit pas échappée aux anciens ; savoir, que le nombre du discours & la situation de l'ame sont toujours dans la plus parfaite harmonie ; qu'un certain mètre déterminé indique toujours un certain sentiment déterminé, & qui ne peut être en collision avec celui qu'on se propose d'indiquer ou d'exciter, sans que ce sentiment n'en soit affoibli ou troublé ; ajoutez-y, dis-je, cette remarque & la question : si le poëte dramatique doit écrire en vers ou en prose sera décidée. S'il écrit toute sa pièce en vers, il blessera souvent le bon goût par un ton trop déterminé en rendant des choses insignifiantes ;

un double écueil le fera échouer: des discours trop communs pour le vers, ou des vers d'un style trop élevé pour le sens du discours ; par l'uniformité du nombre il donnera une détermination trop décidée au sentiment, & par-là il se privera d'une des plus grandes beautés dont le tableau dramatique soit susceptible, & qui consiste dans la peinture des sentimens à mesure qu'ils naissent, se fortifient, se combinent avec d'autres, ou diminuent & s'évanouissent. Si le poëte dramatique n'écrit pas toute sa pièce en vers, il restera toujours un intervalle entre les vers & la prose, & presque par-tout le mètre donnera une détermination à la marche des idées, que dans la situation du moment le personnage ne peut avoir, ou du moins conserver un instant; une détermination qui sera toujours fausse, si, en éprouvant un sentiment, il doit en même-tems chercher, péser des moyens, concevoir des plans, les poursuivre & les exécuter. Au milieu de l'intrigue, dans le tumulte de l'action, à la naissance des sentimens, dans leurs changemens, & à leur cessation ils ne font que des approximations ; si, comme on le doit, on veut mettre quelque harmonie entre le nombre & ces sentimens, le nombre ne peut de même consister qu'en rapprochemens, qu'on n'atteindra jamais parfaitement, à moins qu'on ne se serve d'un mètre & d'un rhythme libres & variés : mélange que la prose offre seule ; ainsi, ce que j'ai voulu vous prouver, savoir, la nécessité de l'emploi de la prose, est fondé sur l'idéal même du poëme dramatique. Les raisons que j'en ai données sont générales ; elles prouvent aussi-bien contre le mètre uniforme & invariable que contre celui qui est mêlé de syllabes d'inégale mesure. Ce que j'ai déduit en détail dans ma précédente lettre concerne plus particulièrement le premier de ces mètres, parce qu'une uniformité de syllabes ne peut convenir à l'expression de sentimens qui varient sans cesse ; & j'ai allégué contre le dernier que ses transitions brusques seroient contraires à la durée & au développement successif des idées. Chaque variation trop subite dans une mesure une fois donnée est désagréable, parce qu'elle trouble & arrête l'ame dans ses opérations ; on se voit frustré de l'avantage qu'on se proposoit, en anticipant fur le difcours des perfonnages; on fe trompe, on fe perd, & l'on fe trouve privé de cette marche libre de toute entrave avec laquelle on voudroit pourfuivre les idées. C'eft précifément, à mon avis, ce que Quintilien penfoit en faifant la critique du jugement dont j'ai parlé plus haut, & ce feroit auffi fur quoi je fonderois fon apologie contre Bentley, fi la chofe en valoit la peine.

Quant au mètre plus libre, qui admet non-feulement plufieurs céfures, mais auffi plufieurs efpèces de pieds, je demanderai avant tout, comment on voudra l'employer ? Veut-on adopter un mètre auffi peu caractérifé, auffi tranquille, & qui reffemble autant à la profe que le vers ïambe compofé de fix pieds, & permettre alors au poëte de difpofer les céfures à volonté, de mêler les ïambes de telle efpèce de pieds qu'il voudra, même de ne pas regarder à quelques pieds de plus : on n'aura qu'à pouffer cette liberté jufqu'à un certain degré, & l'on aura des vers dont le mètre fe reconnoîtra difficilement, & que des corrections forcées comme celles de Bentley rendroient seulement sensible. Veut-on, au contraire, s'en tenir à un mètre qui est encore assujetti à un certain nombre & à une certaine quantité de pieds, je répéterai alors la même question : comment prétend-on l'ordonner pour qu'on ne le reconnoisse plus, pour qu'il soit presque détruit par des césures étrangères, par le mépris des longues & des breves, par la rencontre accumulée de voyelles, & par des élisions extraordinaires ? Une semblable disposition me paroît possible : mais ne seroit-ce pas prendre une peine inutile que de faire des vers qui ne produiroient pas un meilleur effet que la prose ? Choisit-on un mètre, qui en a réellement les propriétés, & qui doit aussi être traité rigoureusement comme tel ; ce mètre, dis-je, conservera toujours son ton dominant & son caractère essentiel ; que l'on prenne donc garde si la vraisemblance de l'action dramatique, & l'illusion qui en doit être l'effet, ne perdront pas par l'emploi d'un pareil mètre. Il est hors de doute que le poëte épique puisse s'en servir avec avantage : l'ensemble de l'action qu'il embrasse d'un seul coup-d'œil a produit sur lui une impression déterminée & permanente ; son ame, montée à un certain ton général, ne le quitte jamais quoique dans toutes les différentes parties du poëme les nuances en soient plus ou moins fortes : & comme ce poëte cherche à placer l'auditeur dans le même point de vue que lui, à lui faire voir tout à sa manière & conformément à ses sentimens, puisqu'il a le droit de supprimer tout ce qui rendroit le vers froid, de resserrer les détails indifférens, de changer en quelque sorte les dialogues de ses personnages, lors même qu'il les met en scène : un ton unique & permanent peut donc être très-convenable au succès de son ouvrage. Mais comment un pareil ton pourroit-il convenir au poëte dramatique, puisqu'il fait agir ses personnages eux-mêmes selon leurs caractères & leurs différens intérêts ; pour lesquels le présent seul existe, tandis que le voile qui couvre l'avenir est à peine soulevé ; qui ne peuvent jamais éprouver de sensations suivant l'impression que produira l'ensemble de l'action, mais seulement suivant l'impulsion d'événemens isolés & de leurs situations respectives, & à qui la différence de leurs caractères &

de leurs intérêts ne permet pas d'être affectés également ? Cependant pourquoi répéterois-je ici les preuves qui ont déja été développées ailleurs, & qui sont dans toute leur force contre le mètre en général, & parconséquent aussi contre celui qui par sa souplesse est plus propre à l'expression de toutes sortes de sentimens & de situations.

D'après tout ce que je viens d'exposer, je pense pouvoir conclure : qu'à mérite égal, un poëme dramatique écrit en vers est un ouvrage moins poétique que celui qui est écrit en prose ; car, si, d'après la meilleure explication donnée du poëme, en général, son essence consiste dans la perfection sensible du discours, une des conditions nécessaires sera sans doute que tout soit dans l'accord le plus parfait ; que parconséquent le nombre convienne d'une manière exacte au sens des paroles, & le sens des paroles à la situation actuelle des personnages mis en scène. Il y a plus ; je crois qu'on peut soutenir qu'il est infiniment moins aisé d'écrire une pièce de théâtre en prose qu'en vers. Celui qui en aura fait l'essai connoîtra sûrement toutes les difficultés qu'il faut vaincre pour réussir à peindre par le discours une série non-interrompue de sentimens ; de manière que chaque sentiment ait son juste degré de force, sa durée convenable & ses nuances exactes, sans qu'il ne s'y trouve des lacunes, des incohérences ou des transitions trop brusques. Mais comme un discours suivi en vers ne ressemble pas au langage ordinaire, le mètre fait passer, sans qu'on s'en apperçoive, nombre de choses qui sont également contraires à la nature ; le défaut de certaines nuances, de fines touches & de préparations adroites, est caché par la magie de l'harmonie du vers ; la langue s'élève insensiblement à un ton plus noble ; la diction devant alors être égale, cette difficulté extraordinaire que le prosateur doit vaincre pour trouver l'expression la plus vraie, la plus convenable, ni trop élevée & trop forte, ni trop commune & trop foible, disparoît entiérement, pour ainsi dire, à l'égard du poëte, parce qu'il roule sans cesse dans un cercle étroit de mots propres au ton qu'il a choisi. Au surplus, le dérangement de l'ordre dans lequel les pensées se développent, se croisent, se détruisent & reparoissent ensuite avec plus de vérité, est bien moins sensible dans la verſification que dans la proſe ; & cet ordre qui, dans tous les drames où il eſt ſcrupuleuſement obſervé, charme autant l'eſprit que le cœur du ſpectateur, n'eſt jamais parfaitement ſaiſi que par le génie vraiment inſpiré ; comme auſſi lorſqu'il y manque, le goût le plus fin & le plus délicat peut ſeul s'en appercevoir.

J'ai trop bonne opinion, mon ami, de votre pénétration pour qu'il me paroiſſe néceſſaire de faire, de ce raiſonnement ſur le nombre, une application détaillée au jeu du geſte. Vous vous rappellez ſans doute le parallèle que j'ai établi entre tous les arts muſicaux ; ainſi la valeur générale de mes principes ne peut pas vous échapper, & vous reconnoîtrez qu'ils ſervent à déterminer non-ſeulement le nombre, mais en même-tems le jeu & la déclamation auſſi-bien que des choſes de cette eſpèce peuvent l'être. A la vérité, les limites ne peuvent pas être indiquées ici avec une rigoureuſe exactitude ; tout ce que l'on peut faire, c'eſt d'indiquer les écueils les plus dangereux, & de montrer au génie la route qu'il doit ſuivre pour chercher en toute choſe le meilleur & le plus vrai. Dans une matière aussi difficile que celle dont il est question ici, & qui présente une diversité infinie de traits délicats, que le plus ou le moins approche ou écarte de la perfection, on essayeroit en vain de donner des règles fixes & invariablement déterminées.

LETTRE XXXVIII.

Les éloges que vous prodiguez aux principes par lesquels j'ai combattu le drame écrit en vers sont-ils sincères ou ironiques ? Vous trouvez ces principes d'une grande finesse ; pourvu que vous ne m'en contestiez pas la vérité, je consens, qu'en me disant qu'ils sont subtils, vous entendiez par là qu'ils ne sont rien moins que convaincans. Je dois observer que le nombre n'est qu'un simple supplément ajouté à l'effet total du drame, & qu'un pareil supplément peut paroître foible sans qu'on puisse cependant lui refuser tout effet quelconque. La corde la plus forte, comme on sait, n'est qu'un tissu de fibres qu'un enfant met en pièces ; mais ces fibres, quand elles sont font réunies, peuvent servir à enchaîner un Hercule. Un examen réfléchi nous prouve que nos sensations les plus énergiques, nos plaisirs les plus vifs ne sont que les résultats de petites choses qui prises chacune séparément, paroissent insignifiantes & sans force, mais dont l'activité n'est pas moins très-réelle.

La crainte que mon raisonnement contre la versification du drame vous inspire relativement à l'opéra, m'explique une chose que je n'avois pas comprise jusqu'à présent, savoir, le zèle, je dirois presque la passion, avec laquelle vous avez plaidé la cause des représentations pantomimes. Pour vous la musique est le premier des arts, & vous manifestez sans détour votre mépris pour une critique, qui, par de froides subtilités, voudroit bannir cet art charmant de la scène, & tarir la principale source de vos plaisirs. Certes, cette critique, si tel étoit son but, seroit peu indulgente ; mais n'êtes-vous pas trop sévère, mon ami, en la soupçonnant d'une pareille impolitesse à votre égard ? N'a-t-elle pas déja donné des preuves de son indulgence envers la pantomime, & ne deviez - vous pas espérer de sa souplesse & de sa complaisance, qu'elle auroit aussi quelque petite distinction toute prête en faveur de l'opéra ? --- Il est vrai que si les mètres moins caractérisés & la déclamation oratoire doivent être rejettés du drame, à plus forte raison le mètre lyrique dont le caractère est si marqué, & la déclamation portée au plus haut point, c'est-à-dire, le chant, paroissent devoir l'être également. Mais ce chant, qui rend le mètre lyrique nécessaire, a tant de douceur, il enchaîne le plus voluptueux des sens de l'ame avec des charmes si puissans, il fait jouir celle-ci du présent avec des délices si inexprimables, qu'on ne fait pas la moindre attention ou qu'on n'a aucun égard au défaut d'harmonie qu'il y a entre l'expression & la situation réelle de l'ame, ni à l'effet lyrique mis à la place de l'effet dramatique. La vérité de l'action se trouve affoiblie, & parconséquent l'effet de cette action l'est également ; mais ce qui se perd par rapport à l'ame se regagne d'un autre côté ; des beautés multipliées dédommagent amplement du défaut de vérité. Les vices mêmes du plan, l'incohérence des événemens, l'expression manquée de nombre de sentimens disparoissent, & les perles cachent le fil grossier & inégal, par le moyen duquel l'adroit musicien a eu le talent de les rassembler. Un effet aussi puissant ne peut nullement être mis en comparaison avec celui que produit le simple mètre : le principal pouvoir de celui-ci consiste dans son harmonie avec la situation de l'ame. Partout où cette harmonie manque, comme, par exemple, dans le poëme dramatique, il ne reste plus que le plaisir qu'une cadence & une harmonie régulières procurent à l'organe de l'ouie ; & ce plaisir est trop foible, trop froid, pour qu'il puisse empêcher d'appercevoir & de sentir le moindre écart de la vérité, & pour qu'il serve à le réparer. --- Vous me direz sans doute qu'il se trouve malgré cela des pièces écrites en vers qui sont très-touchantes, & j'en conviens volontiers avec vous ; mais je vous demande à mon tour quelle est la cause de l'intérêt que ces pièces inspirent ? Est-ce, ainsi que dans l'opéra, le faux même qui se met à la place du vrai ? Ou n'est-ce pas plutôt ce reste de vérité & de bonté de l'ouvrage que ce faux n'a pu effacer ou obscurcir entièrement ? — Otez de l'opéra tout ce qu'il peut y avoir de faux, & vous en diminuerez l'effet ; ôtez de même le faux du drame déclamé, & son effet sera augmenté. L'idéal de chacun de ces poëmes a des différences trop caractéristiques pour que les mêmes principes avec les conséquences qui en découlent puissent leur être appliqués.

Le jugement un peu hardi que j'ai hasardé sur le drame des Grecs vous a déplu, & vous avez cherché à justifier sa versification, parce que ce drame étoit une espèce d'opéra, & que sa déclamation soutenue ressembloit au chant. J'avoue que cette circonstance n'auroit pas dû m'échapper. Si j'en avois fait mention, peut-être me serois-je exprimé avec plus de retenue & de circonspection, mais non pas avec plus de justesse que vous ; je n'aurois pas refusé aux Grecs le véritable idéal des poëmes dramatiques, mais seulement celui du simple drame, qui ne tient à aucun art étranger, & dont l'effet est produit par ses propres moyens. Et de cette manière la proposition qu'il m'importoit d'établir restoit toujours dans toute sa force ; savoir, que l'exemple des Grecs n'auroit pu faire loi pour nous, parce que la verſification n'étoit peut-être fondée, chez ce peuple, que ſur l'idéal particulier qu'ils avoient du drame ; que l'art qu'ils avoient aſſocié au drame rendoit cette verſification néceſſaire, & que du moment de leur ſéparation elle devenoit non-ſeulement ſuperflue, mais même très-nuiſible à l'effet. — Faites à préſent de cette manière de voir plus modérée l'uſage qu'il vous plaira, & ne me ſoupçonnez pas d'avoir voulu ravaler le mérite des Grecs.

Vous me faites deux objections touchant la règle trop générale qui ordonne de modérer l'action théâtrale, & je n'héſite pas à reconnoître la juſteſſe de la première. En effet, l'acteur doit ſe conformer à l'intention de l'auteur ; & lorſque celui-ci a écrit ſon drame en vers, ou, pour parler plus exactement, qu'il a choiſi un mètre trop caractériſé, & quand avec le nombre le ton entier de la diction eſt exalté ; il faut alors ſans doute que le jeu, ainſi que la déclamation, outrepaſſent la vérité. Diderot nous a dit la même choſe en y ajoutant la remarque, qu'au théâtre il falloit outrer tout ou rien ; & c'est encore là ce que je pensois en justifiant les acteurs tragiques françois par le système que les poëtes de cette nation ont adopté, & en blâmant Eckhoff de rendre avec trop de naturel certains caractères chargés(1). Il faut convenir à la vérité, qu'une contradiction manifeste est toujours l'effet de la fausse tension donnée à l'action théâtrale ; cependant cette contradiction est moins frappante, elle est plus simple, & par cette double raison moins choquante, quand il y a de l'harmonie dans tous les moyens employés à désigner un sentiment ; que lorsque ces moyens, (savoir, les paroles, le rhythme, le jeu & la déclamation) se contrarient autant entr'eux qu'ils peuvent être opposés en tout ou en partie, à la situation momentanée de l'ame. --- Ceci doit vous prouver que le parti d'attaquer la versification (source tantôt nécessaire, tantôt accidentelle d'autres fautes très-graves) plutôt que de combattre tout uniment le jeu trop outré, étoit le plus sage & le seul que je pouvois

---

(1) Voyez la Lettre VII, *Tome I, pag.* 64.

prendre. J'ai attaqué le mal par sa racine, & j'aurois fait preuve d'imprudence si j'avois adressé mes conseils aux acteurs, sans les donner en même-tems, & cela de préférence, aux poëtes.

Il me semble que votre seconde remarque est fondée sur un mal-entendu. L'observation, que chez certains peuples on prend pour nature ce qui passeroit pour affecté & outré chez nous, ne frappe pas au but; ou si cela doit être regardé comme exact, cette observation est fausse. N'y a-t-il donc pas, demanderai-je à mon tour, chez ces peuples d'un caractère plus vif que vous pourriez avoir en vue, la moindre différence entre le geste oratoire, le jeu de la conversation & la danse? N'y trouve-t-on aucune limite entre le chant, la déclamation soutenue & le ton ordinaire de la société? aucune séparation entre le vers, le rhythme majestueux, & le nombre aisé & familier du dialogue? Car toutes ces choses, ainsi que nous l'avons déja vu, se trouvent dans des rapports & dans des liaisons réciproques. Si ces différences doivent se rencontrer, & existent en effet par-tout, & principalement chez les peuples les plus policés, il ne suit nullement de votre observation que le jeu dramatique ne doive jamais se tenir dans de certaines limites ; il en résulte seulement que ces limites ne sont pas les mêmes pour chaque peuple ; que ce jeu aura plus de feu, plus d'énergie, plus d'élévation chez l'un, & qu'il sera plus froid, plus foible & moins expressif chez un autre. Ceci nous conduit à une nouvelle remarque qui a été faite souvent, & qui se fonde encore sur d'autres raisons que celles qui viennent d'être rapportées ; savoir, que tout le mérite d'un acteur peut être senti & apprécié seulement par ceux au milieu & à l'imitation desquels il s'est formé, & qu'il ne peut paroître dans tout son éclat que sur la scène nationale, & non sur celle de l'étranger. --- Ainsi que vous le voyez, je n'applique pas votre remarque concernant la chaleur vraie & naturelle de certains peuples, à ce jeu faux & plein d'affectation que le public d'une autre nation a mis à la mode. Je présume que vous ne prétendez pas recommander comme naturel certain jeu, que le mauvais goût seul a pu introduire sur quelques théâtres.

Je terminerai cette suite de remarques isolées, en y en ajoutant encore une, qu'à la vérité vos observations n'ont pas fait naître, mais qui, comme je m'en flatte, ne vous déplaira pas. On a demandé si l'orateur sacré pouvoit se former d'après l'acteur, & s'il lui étoit permis d'en imiter le ton & le geste ? Il n'y a pas long-tems même qu'on a beaucoup débattu cette question. J'y répondrai qu'il le peut & qu'il ne le peut pas, tout comme on le voudra. Il ne le peut pas, en tant que les pensées & le caractère de la plupart des rôles ne peuvent être aucunement d'accord avec les pensées & le caractère de l'orateur sacré ; & secondement, parce que le drame & le sermon diffèrent trop entr'eux pour que l'action qui convient à l'un puisse être propre à l'autre. Les personnages du drame débitent des pensées qui doivent leur existence à la situation du moment; le prédicateur en communique au peuple qu'il a eu tout le loisir de classer dans sa tête : les acteurs sont dans un état d'inquiétude extérieure très-réelle ; incertains & irrésolus, ils sont agités par des idées & par des sentimens variés : la tranquillité extérieure du prédicateur n'est troublée d'aucune manière ; occupé d'un seul objet, il n'a aussi qu'un seul sentiment principal & permanent, qu'il peut développer à loisir. Dans le monologue d'*Hamlet* sur le suicide, il s'agit d'un objet de la plus grande importance ; l'ame est montée à un ton sérieux ; ce ton, l'attitude & le geste ont de la dignité : l'orateur sacré ne pourroit-il pas en faire usage ? Non certainement, parce qu'*Hamlet*, enseveli dans ses réflexions, ne fait que commencer à examiner sérieusement la question ; en passant d'une idée à l'autre, il se perd dans des doutes qui se multiplient dans son esprit, & cette situation ne peut jamais convenir à un orateur chargé de l'instruction publique. --- Mais je réponds aussi affirmativement à la question proposée ; savoir, en tant que dans le drame il peut se trouver des passages dont les sujets médités auparavant par les personnages sont exposés de suite & sans trouble, & qui parconséquent équivalent à des discours suivis ; & en second lieu, en tant que ces passages peuvent être pleins de dignité, que les caractères des personnages peuvent avoir un caractère sérieux, noble &

élevé. Les conseils paternels que le *Père de famille* de Diderot donne au second acte à sa fille & à son fils sont de ces discours suivis & médités auparavant; il y règne à la vérité beaucoup de sensibilité; mais qui osera bannir le ton du sentiment de la chaire, & transformer l'orateur sacré en un moraliste froid & insensible ? Il suffit que le sentiment dominant des discours en question soit du genre le plus noble, & qu'un père prudent & tendre, qui exprime ce sentiment envers ses enfans chéris, soit à mes yeux le caractère le plus vénérable qui existe. Qu'est-ce qui empêchera l'orateur sacré de faire du théâtre son école, & d'un excellent acteur l'objet de ses études ? Plût au ciel que beaucoup d'entr'eux eussent vu un Aufresne ou un Ekhoff, & qu'ils se fussent trouvés en état de sentir & d'imiter le jeu vrai, naturel, plein de dignité & de grace de pareils acteurs ! Exiger de l'orateur sacré qu'il accompagne le ton du sentiment d'un simple jeu de mains insignifiant & employé au hasard, ce seroit vouloir que ses gestes taxassent ses paroles de mensonge. Il faut certainement que son jeu soit toujours expressif, pourvu qu'il soit en mêmetems posé, modéré & convenable à son état, ainsi qu'au sujet qu'il traite ; & tel fut aussi dans la situation citée, & dans nombre d'autres de ce genre, le jeu sublime d'Aufresne & d'Ekhoff.

LETTRE XXXIX.

La règle concernant la facilité du jeu, ou, si vous l'aimez mieux, les conseils contre un jeu guindé & outré que j'ai exposés jusqu'ici, peut-être avec trop de prolixité, étoient appuyés sur les propriétés mêmes du genre dramatique, qui, montrant au spectateur tout au moment de son existence actuelle, n'admet, par cette raison, ni un ton décidé de l'ame, ni un sentiment permanent, ni un développement oiseux des pensées & des passions. J'espère que vous ne me taxerez pas de négligence ou de paresse, si je n'étends pas ces conseils aux genres de l'espèce en question, en développant de quelle manière la tragédie, la comédie & la farce doivent être représentées. Comme je ne me suis pas encore écarté du général, je puis aussi regarder cette discussion particulière comme étrangère à mon plan ; d'ailleurs, j'aurois dû m'occuper de la différence qui existe entre le comique & le sérieux en traitant des expressions particulières, sans attendre le moment où il faut examiner la réunion de ces deux genres. Le véritable motif qui, dès le commencement de mes recherches, m'a empêché de discuter cette matière, c'est, qu'en y réfléchissant, je me suis convaincu de n'en pouvoir rien dire de neuf, rien qui me seroit propre, rien du moins qui méritât quelqu'attention après tout ce que d'autres en ont dit avant moi.

En ne s'attachant pas à l'espèce, en général, à laquelle appartient un ouvrage de l'art, (ai-je dit plus haut) mais à ses qualités particulières, on peut prendre en considération l'ensemble de toutes ses parties, ou seulement la réunion de certaines parties isolées. Dans le premier cas, l'examen peut avoir un double objet ; car l'ensemble qu'on veut apprécier peut être la pièce entière ou un rôle particulier. Ceci donne matière à deux questions : qu'est-ce qu'il faut obſerver à l'égard du rapport d'un rôle à la totalité des autres, & à l'égard du rapport de ſcènes particulières à l'enſemble d'un rôle ? Vous remarquez ſans doute bien que je me borne également ici au théâtre, en examinant le drame ſans y confondre aucune autre production de l'art qui puiſſe tenir à la pantomime.

Je réponds à la première de ces queſtions, que l'acteur doit étudier ſon rôle dans les rapports qu'il peut avoir avec tous les autres rôles du drame, & qu'il doit ſaiſir l'effet que le poëte a en vue, non-ſeulement à l'égard de toute la pièce, mais auſſi à l'égard des ſcènes particulières. Par cette double étude il acquerra la véritable connoiſſance de la manière dont il faut qu'il rende le caractère particulier qu'il aura à repréſenter ; en déterminant en même-tems le degré d'expreſſion qu'il pourra ſe permettre pour faire ſortir ſon rôle à côté de ceux des principaux perſonnages. Sans ce coup-d'œil attentif ſur l'enſemble, ſans l'appréciation exacte de la part qu'un rôle particulier a dans l'impreſſion totale, ſans cette ſubordination modeſte & volontaire, l'effet du drame, s'il n'eſt pas entièrement détruit, eſt du moins troublé & affoibli. On en a déja la preuve toutes les fois que le jeu des différens personnages, sans causer un défaccord proprement dit dans les sentimens, affoiblit seulement l'expression de ceux qui, de préférence, doivent fixer l'attention du spectateur. C'est ainsi, par exemple, qu'*Horatio*, en appercevant le spectre au même instant qu'*Hamlet* le voit, peut, par une expression trop animée & trop frappante, partager les regards du spectateur entre lui & ce prince, & même les attirer entiérement sur lui seul. Lors de la première apparition du spectre, il peut tellement renforcer l'expression, qu'il mettra le prince dans la nécessité, ou d'imiter simplement son jeu, ou de l'outrer contre nature. Mais ce mauvais effet est beaucoup plus sensible, lorsque des caractères comiques sont mêlés à des caractères sérieux, & quand des scènes touchantes & gaies se succèdent sans ordre. Le poëte aura beau écarter avec soin tout mélange désagréable de pareilles scènes, & éviter les transitions brusques du sérieux noble au bas comique ; l'acteur, par des lazzi déplacés, peut détruire en un instant

toute la belle ordonnance de son drame. Qu'il soit question, par exemple, d'une reconnoissance touchante, qui fasse éprouver à tous les spectateurs le sentiment le plus doux, le plus tendre & le plus voluptueux; mais qu'au moment qu'on y pense le moins un des personnages secondaires & comiques s'avise de les distraire par quelque grimace risible, convenable au caractère de son rôle, mais non pas à celui de la scène actuelle, & aussi-tôt toute illusion cessera pour les spectateurs; les moins sensibles riront aux éclats, & les autres s'indigneront contre le farceur. Si de pareilles fautes se renouvellent souvent dans le cours de la pièce, ou si l'on met trop de chaleur dans les rôles comiques, & trop peu dans les rôles sérieux, tout l'effet que le drame pouvoit & devoit naturellement produire sera alors totalement détruit. Si le poëte a ménagé avec adresse, des traits comiques pour égayer de tems-en-tems l'ame, & pour faire sortir, par le contraste, les scènes touchantes, ces traits comiques, rendus seulement comme des nuances légères, pourront peut-être
produire

produire les plus heureux effets; mais tout deviendra confus & infignifiant du moment que les caractères comiques brilleront plus qu'il ne convient; que les figures fecondaires fortiront des demi-teintes du tableau pour fe mêler parmi les figures principales, qu'elles poufferont hors de leur place, & qu'elles feront fuir dans l'ombre des derniers plans. On regarde fans favoir ce qu'on voit; il y a encore une efpèce de peinture, mais il n'exifte plus de tableau; on apperçoit un amas de figures, mais placées confufément & fans fe grouper; en un mot, on regrette les qualités effentielles à tout ouvrage de l'art; favoir, l'intention, l'unité & l'enfemble.

Une autre faute très-grave rend fouvent l'impreffion d'une ordonnance manquée bien plus défagréable encore; c'eft lorfqu'un acteur, féduit par le defir de briller, & peu content d'outrer le caractère de fon rôle, s'avife de le jouer d'une manière abfolument fauffe. Sur tous les théâtres où j'ai vu repréfenter le *Père de Famille* de Diderot, cela eft arrivé à l'égard du rôle du *commandeur d'Auvillé*. Les comédiens qui

en étoient chargés paroiſſoient s'êtr
tous donnés le mot pour rendre ce rôl
exactement à rebours; & ſi Diderot avoi
aſſiſté à une pareille repréſentation, ſan
comprendre la langue allemande,
auroit dû croire qu'on avoit retranch
entièrement de ſa pièce le rôle d
commandeur pour y ſubſtituer celu
d'un miſérable farceur. La métamor
phoſe commençoit par le coſtume: a
lieu de l'habit ſimple, orné d'un galo
uni, que Diderot veut bien accorde
à ce caractère (1), celui du premier ac
teur que j'ai vu dans ce rôle étoit cha
marré d'or d'une manière ſi ridicule
qu'à peine en diſtinguoit-on la couleu
du velour écarlate. Cet ignorant avoi
tout l'air d'un bouffon; & ce qui étoi
pire encore, c'eſt que ſon jeu y répon
doit parfaitement. Un homme ſournois
inſidieux, taquin, qui ſe réjouit du mal
heur d'autrui, qui s'applaudit en ſecre
de ſes menées perfides, qui s'emport
ſeulement quelquefois par moment
& qui réunit enfin toute la mauvaiſe
humeur d'un oiſif & d'un célibataire

---

(1) Voyez *Le Père de Famille*,

cet homme, dis-je, devint un turbulent furieux, un farceur de la lie du peuple, un rieur grimacier & bruyant, &, pour tout dire en un mot, un être aussi méprisable que ridicule, qu'on étoit étonné de voir admis dans une semblable société, & lié à une pareille famille ; de manière qu'il me paroissoit impossible que quelqu'un pût lui marquer le moindre égard. Cette malheureuse métamorphose fit non-seulement tort au caractère même du personnage, mais aussi à toutes les situations dans lesquelles il paroissoit ; & les sentimens excités dans les autres scènes n'étant ni entretenus, ni continués convenablement, la pièce entière dût naturellement perdre de son effet. Il n'y a que la mauvaise humeur contre un homme déplaisant, la crainte qu'inspire un sournois, le mépris qu'on a pour un esprit borné, la colère qu'excite en nous un méchant qui triomphe ; (sentimens qui devroient durer encore, lors même qu'on ne peut s'empêcher de sourire) il n'y a, dis-je, que de pareils sentimens qui puissent être en harmonie avec ceux qu'excitent les autres rôles, & qui puissent les seconder, les faire sortir & en renforcer l'effet. Lorsqu'on est forcé de rire en voyant des farces pitoyables, il est impossible que l'impression que laissent de pareilles sensations ne soit pas interrompue d'une manière désagréable, ou qu'elle ne soit même pas entièrement détruite.

Je sais fort bien que cette étude d'un rôle dans ses rapports avec les autres rôles, ce sentiment du plus haut degré d'expression de l'ensemble qui doit déterminer l'ordonnance de ses parties, & cette explication de chaque caractère particulier, fondée sur la connoissance exacte de tous ceux des autres personnages, exigent un certain coup-d'œil juste & pénétrant, que la nature ne donne pas à chaque artiste, quoiqu'il puisse avoir d'ailleurs beaucoup de talent; ce don précieux est même du nombre de ceux qu'elle dispense avec le plus d'économie. A mon avis, l'occupation essentielle de chaque directeur de spectacle devroit être, de diriger l'acteur dans l'étude de son rôle, de lui en développer les détails, sans jamais perdre de vue l'idée de l'ensemble; de lui indiquer la véritable place qu'il doit occuper dans chaque groupe, & de le retenir toutes les fois que son défaut de jugement pourroit l'égarer dans de fausses routes. Mais ce ne seront-là que des rêves, aussi long-tems que l'anarchie règnera dans nos spectacles, ou qu'ils seront gouvernés par des directeurs ignorans, dont tout le talent se borne au calcul de la recette, & à empêcher qu'on ne ferme la porte. Ce ne seront que des rêves, aussi long-tems que le directeur le plus instruit devra s'occuper à varier sans cesse son repertoire & à donner des nouveautés; qu'après quelques répétitions & après une étude superficielle des rôles, il sera forcé de passer à la représentation des pièces, moins jaloux de mériter le suffrage du public que d'assurer la subsistance de sa troupe. Ce seront des rêves, aussi long-tems que l'acteur, parvenu à peine au-dessus du médiocre, rejettera avec dédain tout conseil salutaire; qu'un sot orgueil l'engagera à se soustraire à toute espèce de subordination, sans laquelle cependant plusieurs artistes réunis ne sauroient produire rien de médiocre, & à plus forte raison rien d'excellent; aussi long-tems que chaque acteur, voulant briller seul, mendiera les applaudissemens du public, en s'abandonnant aveuglément à une senfibilité naturelle & fans culture, & que, bien loin de vouloir faire preuve de connoiffances & de jugement, il préférera les acclamations de la multitude au filence éloquent du connoiffeur.

Si chaque rôle particulier doit être étudié fuivant fes rapports avec l'enfemble de la pièce, il faut également que l'acteur, dans l'étude des fcènes particulieres, ne perde jamais de vue l'enfemble de fon rôle : éclairé par la comparaifon des différentes parties du rôle fur leur valeur refpective, il en faifira mieux le fens, & dans nombre de paffages il ne fera embarraffé de trouver ni l'accent, ni la nuance convenables avec lefquels ils doivent être rendus. L'avantage le plus important qui réfultera pour l'acteur de cette manière d'étudier fon rôle, confifte en ce qu'il pourra diftribuer avec fageffe la chaleur avec laquelle il doit le rendre. Il apprendra à la modérer, à la renforcer à propos, & à faire fortir tout l'efprit du caractère de fon rôle par une gradation bien nuancée. Une tirade peut être pleine de feu & de paffion ; mais dans telle ou telle fcène il y en aura une autre plus animée, plus paffionnée ; ainfi, lorfque l'acteur s'attache uniquement à la première fcène ; lorfqu'entraîné par la chaleur du fentiment, il la rend avec toute la force qu'il peut y mettre ; comment pourra-t-il renforcer enfuite fes moyens pour rendre convenablement la fcène fuivante ? Il fera réduit alors à manquer totalement la gradation, & à bleffer toutes les lois du beau, ainfi que toutes les règles de la convenance. Suppofons qu'un frère, témoin du défefpoir d'une fœur chérie, abandonnée par fon amant, jure, par tout ce qu'il y a de plus faint, de la venger du perfide qui l'outrage, & que l'acteur chargé de ce rôle déclame cette imprécation avec trop de véhémence ou avec trop de fureur, il ne lui reftera plus de nuance pour caractérifer fon jeu, lorfqu'atteignant le traître il lui reprochera fon infâme conduite. Cependant cette crainte de diffiper d'avance toute fon énergie, ne doit pas être pouffée trop loin par l'acteur ; il détruiroit l'effet de fon rôle & de l'enfemble de la pièce, fi, pour faire fortir davantage la fcène principale, il fe faifoit une loi de refter froid & languiffant dans celles qui la précèdent. Un ménagement fi mal entendu eft, en effet, la maxime favorite de certains acteurs, & j'en ai vu qui, fans aucune gradation, paffoient fubitement dans de pareils rôles d'un extrême à l'autre. C'eft la foudre, qui, après avoir grondé foiblement dans le lointain, éclate à l'improvifte fur notre tête. Sans doute de pareils coups font d'autant plus véhémens qu'on s'y attendoit moins ; mais loin de faire impreffion, ils ne font qu'étourdir; tandis que quelques coups préparatoires & fucceffivement plus forts produifent immanquablement un meilleur effet qu'un feul coup amené fans aucune gradation.

Il y a peut-être encore beaucoup de règles pratiques dont il feroit bon de parler ici ; mais fuivant notre convention, vous ne pouvez pas exiger que je rempliffe entièrement le cadre, puifque je n'ai promis qu'une efquiffe de ce grand tableau. En effet, il ne me vient plus à l'efprit aucune remarque qui foit affez générale pour convenir à mon plan, ni affez importante pour m'engager à l'y ajouter. En attendant, le peu que j'ai dit peut fuffire pour vous mettre à même d'apprécier la valeur de la feule épreuve que je crois propre pour juger de la bonté d'une pièce de théâtre, & qui ne consiste pas dans la simple lecture, mais dans la représentation réelle. Ce seroit, à la vérité, l'épreuve la plus sûre & la plus décisive, si nous avions des troupes composées d'acteurs assez intelligens, assez instruits pour qu'ils pussent rendre tous les genres de caractères ; si l'ignorance, l'incurie & la partialité ne distribuoient pas les rôles & toujours maladroitement ; enfin, si chaque acteur pouvoit jouer dans ses momens les plus heureux & avec la plus scrupuleuse fidélité les rôles qu'il auroit étudiés & raisonnés avec toute l'attention nécessaire. Mais si de semblables troupes n'existent nulle part, si nous ne pouvons pas nous flatter d'en posséder une seule de ce genre, si la plupart des acteurs n'ont ni talent, ni mémoire, ni jugement, ou, si celui qui réunit ces précieux dons de la nature à des connoissances acquises par un travail infatigable, se trouve presque toujours déplacé ; si tantôt un acteur, tantôt plusieurs, & souvent tous détruisent l'harmonie du drame, & en rendent l'effet faux & nul ; si, comme de nombreuses expériences le prouvent, la même pièce représentée sur deux théâtres différens ne se ressemble plus, ou si les mêmes spectateurs qui la siffloient dix ans auparavant en font ensuite les plus grands éloges; pourrois-je avoir tort de préférer sans hésiter l'épreuve de la lecture à celle de la représentation? Je conviens, à la vérité, que le lecteur dont le jugement peut faire loi en cette matière, doit être un homme doué non-seulement d'une imagination ardente, mais aussi d'une sensibilité exquise; un homme, qui, toujours en esprit sur la scène, ne se contente pas d'avoir les personnages dans sa pensée, mais qui les voit présens, & qui en remplit, pour ainsi dire, les rôles, en suivant le degré de perfection convenable à chacun d'eux. Il y a long-tems qu'on a fait la remarque que telle ou telle pièce produit un bon effet, parce que sa médiocrité est dans la plus parfaite harmonie avec celle des acteurs, & que nombre de beaux traits sont perdus dans une autre pièce, parce qu'il faudroit un Garrick ou un Ekhoff pour les sentir & pour les rendre convenablement (1). Ne seroit-ce

---

(1) Lessing dans sa *Dramaturgie*, T. I, p. 141 de la traduction de M. Junker, en donne encore d'autres raisons. *Note du Traducteur.*

pas une injuſtice criante de vouloir préférer le poëte médiocre au grand poëte, parce que des acteurs ineptes ne peuvent faire valoir toutes les beautés des productions de ce dernier ? Ne feroit-ce pas également être injuſte de vouloir mépriſer les compoſitions ſublimes d'un Bach, parce qu'un ignorant muſicien écorche nos oreilles en les exécutant, & de leur préférer un air de Pont-neuf, par la raiſon que le plus médiocre muſicien peut le jouer d'une manière ſupportable ?

LETTRE XL.

Les queſtions qui nous reſtent à examiner offriront de bien plus grandes difficultés que celles dont nous venons de nous occuper. Il s'agira maintenant de l'harmonie qui doit exiſter entre les moindres parties d'un rôle ; c'eſt-à-dire, entre les tirades particulières, ou entre tous les petits détails, qui, peu importans en apparence, n'en méritent pas moins l'attention de l'acteur jaloux de concourir à l'effet général qu'une pièce de théâtre peut produire.

La première remarque qui s'offre ici à ma pensée, c'est que dans tous les passages où la peinture est permise, l'acteur doit s'attacher seulement aux traits généraux & les rendre par son jeu ; ou plutôt il doit y réunir tous les traits qui ont une détermination secondaire, sans jamais se permettre de les séparer, ni de les indiquer successivement par son jeu. Lorsqu'il blesse cette règle, son jeu cesse non-seulement d'être vrai, mais il perd aussi de sa beauté. En n'étant plus naturel, il sera nécessairement guindé, embarrassé & surchargé de gestes inutiles. J'ai fait ailleurs une semblable remarque à l'égard de la composition de la partie du chant (1), & j'aurois pu l'étendre alors à tout ce qui tient à l'art de la déclamation. Lorsque la langue, forcée par son impuissance d'exprimer tout à la fois, divise les pensées en plusieurs parties, & détaille les traits particuliers des tableaux ; l'imagination, en saisissant l'ensemble, se tient uniquement à l'idée principale dans laquelle, comme dans un centre

---

(1) Voyez *la Lettre sur la Peinture musicale*, qui se trouve à la fin de ce Volume.

commun, toutes les idées fecondaires fe réuniffent, & elle cherche à en rendre l'image ou l'impreffion par l'accent & par le jeu. L'idée de Céfar, qui, avec un regard plein de bonté, reproche à fon meurtrier fon ingratitude, eft à la vérité rendue en plufieurs mots par le poëte ; cependant ce n'eft-là qu'une feule idée. Le reproche eft intimement lié à la douceur du regard, & tous les deux le font auffi dans leur direction fur le meurtrier ; leur expreffion doit donc être également réunie dans le ton & dans le gefte. Il feroit ridicule, que dis-je, il feroit puérile, de vouloir donner à chacun de ces motifs fon expreffion propre, en indiquant l'idée du meurtrier par le ton glapiffant & aigre de la fureur, celle de la douceur par un chuchotement doux & aimable ; enfin, celle du reproche par un ton décidé & févère, en élevant, avec un regard furieux, la main fermée, prête, pour ainfi dire, à enfoncer le poignard, en avançant enfuite la main ouverte avec une mine pleine d'amitié & de douceur, & en la relevant avec l'expreffion du reproche, & avec le front févère qui caractérife le juge inexorable. Il faudroit rejetter une succession aussi rapide d'expressions contraires, ne fût-ce que par la raison que l'imagination, quelles que soient sa souplesse & sa force, ne peut la suivre assez promptement pour produire de pareilles modifications dans l'ame avec la célérité nécessaire. Un jeu varié aussi rapidement ne prouvera jamais que beaucoup d'art ; & ce sera même un art manqué & mal-combiné ; car le véritable talent ne s'écarte jamais de la nature ; il la représente fidellement telle qu'elle est, quoiqu'à la vérité dans un degré de perfection où on ne la voit que très-rarement, ou seulement dans les momens les plus heureux de ses développemens.

Ce que je viens de dire ici tient déja à la règle principale de la continuité du jeu, & même à un de ses points les plus importans, & qui mérite toute l'attention de l'acteur. Avant de chercher à développer ce point, je vais rapporter d'entre grand nombre de règles secondaires quelques-unes des plus faciles qui sont contenues dans cette règle principale.

Il y a dans le discours, comme chacun le sait, plusieurs suspensions & plusieurs pauses d'une durée plus ou moins longue, pendant lesquelles on doit tâcher de deviner la situation de l'ame des personnages. Le jeu du geste n'a aucun de ces repos ; les personnages mêmes, ainsi que l'expression de leurs pensées & de leurs mouvemens frappent sans cesse l'œil du spectateur. Leur aspect est significatif dans chaque moment de l'action, soit par l'expression actuelle d'une affection déterminée, soit même par le repos, par l'indifférence ou par la distraction de ces personnages. Ces deux dernières situations ne doivent jamais appartenir à l'acteur, mais toujours au personnage qu'il représente ; si elles ne conviennent ni à son caractère, ni à sa position du moment, alors la moindre pause dans l'expression interrompra également l'illusion, & celle-ci étant l'ame de tout effet théâtral, ne sauroit être interrompue souvent sans courir le risque d'être totalement détruite. Que l'acteur ait donc grand soin de ne pas s'oublier après la fin d'une tirade ou d'une réplique pour ne se réveiller que lorsqu'il sera appellé par le premier mot du guet; qu'il se souvienne que l'œil du spectateur, quoique fixé sur le personnage qui parle, n'en observe pas moins le jeu muet des autres qui sont en scène; & qu'il se garde sur-tout d'examiner d'un air indolent ou avec une curiosité impudente le parterre & les loges. Tout autre jeu muet qu'il se permettra selon les circonstances de sa situation actuelle peut convenir au caractère de son rôle; mais dans aucun cas des regards curieux qu'il promène dans toute la salle ne sauroient être naturels; car il faut que tous les personnages en scène sachent absolument faire abstraction des spectateurs, qui même ne doivent pas exister pour eux. Diderot dit (1): « Que l'acteur doit se » représenter sur le bord du théâtre un » grand mur qui le sépare du parterre; » qu'il faut qu'il joue comme si la toile » ne se levoit pas ».

Je désirerois que l'acteur trop timide crut davantage à ce mur de séparation que celui qui joue avec trop d'assurance; car cette persuasion le garantiroit d'une certaine roideur dans ses mouvemens, & d'un certain jeu incohérent, mannequiné & tronqué qui ne blessent pas moins la vérité qu'ils nuisent à la grace. Chaque

---

(1) Diderot, *de la Poésie dramatique.*

suite de changemens, qui n'occasionne pas un mouvement sensible dans l'ame, doit se faire en passant par de certaines modifications intermédiaires, soit que le repos succède à l'activité, soit qu'il la précède, ou que l'activité redoublée se trouve dirigée vers un objet nouveau. Pour donner un exemple de ce dernier cas ; (car je me rappelle d'avoir déja traité ailleurs cette matière, (1)) représentez-vous un homme qui interrompt un entretien avec son interlocuteur, non pas à cause que quelqu'événement extérieur l'en détourne, ou parce qu'il se souvient tout-à-coup d'avoir négligé à remplir un devoir important ; mais parce que le sujet de la conversation étant épuisé, il doit naturellement cesser d'y prendre quelqu'intérêt : cet homme conservera-t-il jusqu'au dernier mot sa première position, en se disposant alors subitement au départ; ou ne réunira-t-il pas plutôt l'une & l'autre par une direction intermédiaire? Ne se préparera-t-il pas déja au départ avant la fin du discours, en adressant les

---

(1) Voyez la *Lettre X*, *T. I*, p. 93.

avant-derniers mots à son interlocuteur dans une attitude à demi-tournée, & les derniers après avoir commencé à s'en éloigner? L'ame passe ici par une gradation insensible de l'idée de la durée de la conversation à celle de sa fin, & de l'idée des motifs qui retiennent l'interlocuteur à celle des raisons qui déterminent son départ, de manière qu'elle saisit l'une lorsque l'autre est abandonnée : il faudra donc que les mouvemens analogues du corps soient liés entr'eux par des transitions également imperceptibles ; & des changemens trop brusques & privés de nuances intermédiaires, en détruisant l'harmonie dans l'ensemble du jeu, en blesseroient aussi la vérité.

Quoique le même cas n'ait plus lieu, lorsqu'une impression inattendue sur les organes, ou une image qui frappe subitement l'imagination d'un homme, le tire de l'état de repos ; vous ne trouverez cependant jamais que, dès le premier instant, son activité aura une direction déterminée, ou qu'il aura une affection simple & très-décidée de desir, d'horreur, de plaisir ou de dégoût. Comme l'esprit, lorsqu'il est tranquillisé par une idée qui lui paroît une vérité consolante, est forcé d'adopter une idée diamétralement opposée, à laquelle il ne peut de toute nécessité arriver qu'en passant par un état intermédiaire qui est celui du doute ; de même le cœur, quand on veut le faire passer de la tranquillité à quelque passion déterminée, doit nécessairement passer d'abord par un état de désordre intérieur. La durée de cet état peut être plus ou moins longue, & dans certains cas ses effets peuvent être si foibles, si insignifians, qu'on les appercevra à peine ; mais ils n'en seront pas moins réels, à en juger par tous les exemples qu'il me seroit facile d'en donner. Représentez-vous seulement l'affection à laquelle l'ame doit passer, dans un degré supérieur de vivacité & de force, & vous trouverez que l'objet qui la cause opère toujours dans le premier instant une espèce de terreur agréable ou désagréable, suivant que cette affection sera celle de la colère, de la joie, &c. Mais la terreur est accompagnée d'étonnement, parconséquent il faut la regarder comme une espèce de doute, d'indécision & de fluctuation de l'ame : & quelle que soit la rapidité avec laquelle cette incertitude, en fe diffipant, puiffe faire ceffer toute perplexité, il n'en exiftera pas moins un intervalle fenfible ; & jufqu'au moment où cet intervalle eft franchi, le defir de la confervation, la colère ou tel autre fentiment pur & fimple ne pourra dominer dans l'ame. Ceci fert à nous expliquer pourquoi l'homme craintif s'arrête tout-à-coup, en fixant avec des yeux hagards les objets qui l'environnent ; & pourquoi, lorfqu'il commence à fe mouvoir, fa marche eft vacillante, incertaine, irréfolue : phénomènes qui, avec un degré inférieur de crainte, fe manifeftent par un laiffiffement prefqu'infenfible, & par une interruption momentanée de la marche ou des mouvemens.

Renverfez la fuppofition d'après laquelle nous venons de raifonner ; qu'une affection quelconque foit la fituation de laquelle l'ame doit paffer à la tranquillité & à l'équilibre : & vous reconnoîtrez fur le champ, qu'ici la tranfition ne pourra s'opérer que par un affaiffement & par une diminution infenfible & progreffive du fentiment. Il eft impoffible qu'à une impreffion tant foit peu forte puiffe fuccéder tout d'un coup un repos parfait, ou qu'une secousse violente puisse être suivie d'un état qui approche d'une manière sensible de la parfaite tranquillité. Vous vous rappellez sans doute ce passage de l'opéra de *Zémire & Azor*, où la maladresse de l'acteur, qui passa subitement d'un état de sensibilité à celui d'une obéissance passive & absolue, vous parut si extraordinaire. Le père de *Zémire*, résolu de se livrer lui-même au monstre plutôt qu'aucun de ses enfans, & se préparant avec un pénible courage au départ, veut encore laisser à ses filles quelques conseils salutaires, comme le dernier gage de sa tendresse paternelle. Il demande de l'encre & du papier. *Ali*, qui vient de le conjurer avec l'air le plus craintif & le plus touchant de renoncer à ce dangereux projet, entend à peine cet ordre de son maître, (qu'il prononce cependant d'une voix douce & tranquille) que toute expression est totalement effacée des traits de son visage; sans hésiter, sans donner la moindre marque de douleur ni de pitié, sans ralentir tant soit peu son pas, & sans jetter un regard détourné sur son maître, il s'en va directement chercher dans l'appartement voisin ce qu'il lui a demandé. Une cessation si absolue de sentiment, une transition si brusque à la plus parfaite tranquillité d'esprit vous parurent, à juste titre, complettement ridicules. Mais ce que l'on peut dire de la tranquillité de l'ame trop prononcée lorsqu'elle y passe subitement d'un sentiment modéré, doit s'appliquer également à un degré trop sensible de cette tranquillité, quand il succède à des secousses trop violentes, ou aux tempêtes d'une passion quelconque; car lorsque cette transition est brusque, nous regrettons également cette tenue, cette gradation successive que la nature commande toujours dans de pareilles situations.

Supposons que l'honneur d'un homme fier & animé d'un noble orgueil soit blessé de la manière la plus sensible, & que par cette offense son ame soit bouleversée jusqu'à la fureur : quoiqu'il puisse être animé du plus vif desir de se venger, même à l'instant, si l'objet de son courroux se trouvoit sous ses yeux ; il est cependant impossible que durant la première impression amère que lui cause le chagrin de l'offense, il puisse former à cet effet un plan quelconque, & moins encore un plan vaste & raisonné. Quelque simple que puisse être ce plan, & quelque facile qu'en puisse être l'exécution, il présupposeroit cependant un certain degré de réflexion & de force d'ame, dont l'offensé n'est pas encore capable dans la situation donnée. Il faudra donc qu'il se passe quelques momens après la première explosion de sa juste colère, avant qu'il soit en état de se former une idée de la manière dont il tirera vengeance de l'insulte qu'on lui a faite. *Othon de Wittelsbach* vient d'entendre la lecture de la lettre perfide de l'empereur *Philippe*; le nom du traître qui est au bas de la lettre ne frappe pas plutôt son oreille, qu'il se lève en fureur avec cette exclamation terrible : « Puisse le » nom de Philippe être le cri d'alégresse » de l'enfer, lorsque quelque monstre » qui lui ressemble viendra pour y rece- » voir le prix de ses forfaits (1) » ! Les mots suivans : « Donnez-moi cette lettre », adressés au vénérable *Frédéric de Reuss*, paroissent être déja prononcés

---

(1) *Acte III, Scène 22.*

avec l'idée confuse d'une vengeance quelconque. Or, demandez-vous à vous-même ce que vous aimeriez le mieux dans cette situation : ou que l'acteur prononçât ces dernières paroles avec emportement & sans mettre aucun intervalle entre les premières ; qu'il modérât tout de suite (après la première secousse avec laquelle il a fulminé le plus terrible souhait) l'expression convulsive de ses traits, en avançant la main pour recevoir la lettre : ou bien qu'il fit auparavant une pause, quand même elle feroit très-courte ; & qu'après avoir fait quelques pas fortement marqués il prononçât les dernières paroles, qui sont, pour ainsi dire, un retour subit à la réflexion. Cette réflexion même devroit cesser aussi-tôt d'avoir lieu ; car sa durée tant soit peu prolongée ne feroit ni naturelle, ni vraie. Il feroit déraisonnable de vouloir que la plus impétueuse de toutes les passions s'évaporât avec tant de rapidité, & sans que ses éclats tumultueux se multipliassent après quelques courts intervalles.

La continuité du jeu, la réunion de plusieurs mouvemens & le passage de la tranquillité à l'affection, & de celle-ci à la tranquillité, ont été jufqu'ici l'objet de nos recherches ; ce qui nous refte à examiner fe réduit à la queftion principale dont j'ai fait mention plus haut, & qui concerne la réunion de plufieurs mouvemens paffionnés. J'ignore fi ma réponfe à cette queftion fera claire & fatisfaifante ; mais je fuis convaincu que s'il m'étoit poffible de la donner, elle feroit de la plus grande utilité pour le comédien. Selon moi, elle lui enfeigneroit très-fouvent la nuance convenable, & le véritable degré de l'expreffion ; elle lui feroit fentir la néceffité des repos, en lui indiquant fûrement la jufte mefure de leur durée, & peut-être auffi la fuite des mouvemens avec lefquels il pourroit les remplir ; elle l'aideroit à trouver le véritable jeu muet pendant le difcours des perfonnages avec lefquels il eft en fcène, difcours, qui fouvent font trop longs, ou qui occafionnent des fentimens trop difparates pour que le jeu muet puiffe fe borner à prolonger l'expreffion précédente. Ce dernier avantage feroit fur-tout fenfible dans les tragédies écrites en vers, dont le dialogue devient en partie fi peu naturel, parce que les répliques des perſonnages contiennent preſque toujours trop de choſes, ce qui en fait de longues tirades auſſi fatigantes pour l'acteur qui les déclame qu'embarraſſantes pour celui qui doit les accompagner de ſon jeu muet.

LETTRE XLI.

LA rapidité avec laquelle une flamme doit s'élever & diſparoître enſuite, dépend, ſelon vous, des qualités de la matière, qu'une étincelle embrâſe. Il y en a qui ſont peu ou point combuſtibles ; d'autres ſont humides, d'autres encore prennent feu très-facilement. N'en ſera-t-il pas de même de la célérité avec laquelle une paſſion doit naître & mourir enſuite ; &, continuez-vous, cette célérité ne dépendra-t-elle pas de la diſpoſition plus ou moins grande, que, ſuivant ſon caractère général, & ſuivant ſa ſituation particulière, l'ame aura à ſe livrer à une paſſion donnée ? Cette penſée, par elle-même, eſt d'une vérité frappante ; mais je doute qu'elle puiſſe vous ſervir pour démontrer la poffibilité d'un paffage immédiat de la tranquillité à des affections déterminées & plus vives. Lorsque fans aucun indice extérieur & peut-être à notre infçu des difpofitions prochaines au développement de certaines affections fe trouvent cachées dans les recoins obfcurs de notre ame ; quand l'homme a une propenfion fecrette à la joie, à la triftefse, à la mauvaife humeur, ou à quelqu'autre fentiment ; il s'y livrera fans doute à la première impulfion, peut-être même fubitement & avec une impétuofité très-vifible. Mais alors la parfaite tranquillité de l'ame, que j'ai préfuppofée comme condition effentielle, n'exifte plus : le calme extérieur n'eft qu'une apparence trompeufe, & le paffage ne fe fait que d'un moindre degré de vivacité à un degré plus fort.

Mais peut-être n'eft-ce pas-là ce que vous avez voulu dire par votre objection ? Son véritable fens feroit-il qu'une tranquillité parfaite, ou un équilibre abfolu de l'ame eft une idée à laquelle aucun de fes états réels ne répond exactement ; que fa fituation & fon caractère produifent déjà une difpofition fecrette à de certaines affections, & que cette difpofition n'eft autre chofe que la préfence de certains mouvemens infenfibles, qui, en acquérant plus de vie, plus de plénitude & plus d'énergie, deviennent de véritables affections? Si c'eſt là votre idée, je fuis entièrement de votre avis. L'état d'un équilibre parfait & d'une entière indécifion me femble auffi n'être qu'apparent; mais j'ai cru qu'il ne falloit pas rejetter abfolument les apparences dans des recherches qui ne font, pour ainfi dire, deftinées que pour un pareil objet. Au refte, fi vous l'aimez mieux, fubftituez par-tout le terme de mouvement infenfible de l'ame à celui de tranquillité d'efprit, & appliquez enfuite ce qui a été dit de cette dernière fituation à la théorie fuivante de la réunion de plufieurs mouvemens paffionnés.

Ces mouvemens peuvent être d'une feule ou de plufieurs efpèces : dans le premier cas, la foibleffe ou la force en déterminent la différence, & les diverfes manières poffibles de leur réunion confiftent dans leur accroiffement ou dans leur diminution. Nous avons déja examiné celle-ci, en tant qu'elle doit s'opérer par une tranfition imperceptible à la tranquillité ; mais si elle doit se faire par l'intervention d'autres affections, elle appartiendra à la théorie de la réunion de sentimens d'une espèce différente : il ne nous reste donc à examiner ici que l'accroissement des mouvemens passionnés. Si la gradation en doit être insensible, alors le seul conseil qu'on puisse donner à l'acteur, consiste en ce qu'il doit saisir les traits les plus propres & les plus essentiels de chaque passion, & indiquer leur accroissement en les renforçant. Au contraire, si cet accroissement doit avoir lieu en franchissant rapidement plusieurs degrés intermédiaires ; il faut alors ajouter une nouvelle observation au conseil que je viens de donner à l'acteur ; savoir, que dans cette situation, ainsi que dans le passage d'une parfaite tranquillité apparente, l'ame se trouve dans un état intermédiaire de désordre, & que dans le cas d'une distance trop sensible entre les degrés, le jeu du geste doit aussi indiquer cet état par un air d'étonnement, par un léger reculement de surprise, ou par tel autre mouvement équivalent. Je rendrai l'une & l'autre observation plus sensible par un exemple, que je n'ai pas besoin d'inventer, puisque j'en ai fait l'observation sur la scène : il vous sera d'autant plus agréable, qu'il est pris dans *Othon de Wittelsbach*, votre pièce favorite.

Frédéric de Reuss suspecte la probité de l'empereur *Philippe*; *Othon*, quoique trop vertueux pour le soupçonner de perfidie, veut cependant entendre la lecture de la lettre que *Philippe* lui a donnée pour le duc de Pologne. Le comte Palatin, comme vous ne l'ignorez pas, fait aussi peu lire que son écuyer *Wolf*. Le chevalier *Frédéric* se place près d'une table ; *Othon* se met à côté de lui, & penchant un tant soit peu la tête, il dirige son oreille vers le chevalier. La confiance qu'*Othon* a dans les promesses de l'empereur l'emporte ici sur le soupçon ; l'indignation qui s'associeroit bien vîte à ce soupçon s'il augmentoit, ne peut encore acquérir assez de force dans son ame. L'expression de toute sa Physionomie n'est que celle de la curiosité, d'une attention sérieuse (1). Le cheva-

―――――――――

(1) Voyez Planche XXXI, fig. 1.

LXXXI

f.1

f.2

lier lit, & dès le commencement de la lettre il se trouve des passages, qui, sans être absolument offensans, paroissent néanmoins étranges. Ces passages, tels que le chevalier les rend, ne ressemblent pas à ce que lui avoit lu l'empereur; il est donc naturel qu'ici l'attention doit redoubler. Après un étonnement visible avec lequel *Othon* accompagne ces mots : » Quoi cela se trouveroit dans la » lettre ? l'empereur ne me l'a pas lu de » même! » après avoir témoigné sa surprise en secouant légèrement la tête, il s'approche davantage du chevalier; il place son oreille plus près de la bouche du lecteur, comme pour abréger le chemin aux sons qu'elle va articuler, & pour les saisir avec plus de sûreté & de vîtesse; ses sourcils sont plus rapprochés, & tous les muscles de son visage annoncent plus de tension & de force (1). Après le second paragraphe de la lettre qui ne change rien par rapport à l'attention, vient le conseil secret & perfide que l'empereur donne au duc de Pologne de ne confier aucun pou-

---

(1) Voyez Planche XXXI, fig. 2.

voir à *Othon* dont il puisse disposer, & moins encore de combler ses vœux en lui donnant la main de sa fille, si célébre par sa beauté. Ce trait de la plus basse & de la plus noire ingratitude de la part de l'empereur révolte *Othon*; moins il s'y attendoit & plus son cœur est déchiré : la triple exclamation *ha !* de ce comte Palatin est aussi-bien le premier élan de la fureur que celui du plus grand étonnement ; son œil s'agrandit, sa main se serre avec force, & de plus profondes rides sillonnent son front; il a de la peine à rester en place ; le seul motif qui l'y retient encore, c'est le desir infiniment plus vif de voir cette abominable trame entièrement découverte; desir qui ne permet presque pas au chevalier de se livrer à son propre étonnement ; car avec quelle chaleur *Othon*, en répétant à plusieurs reprises : « Lisez, lisez ! » ne le presse-t-il pas d'achever sa lecture ! Maintenant il ne lui suffit plus d'avoir son oreille fort près de la bouche du chevalier ; il le fixe avec un regard avide & immobile, comme pour saisir les paroles immédiatement sur ses lèvres à mesure qu'il lit, ou plutôt pour lire dans ses mines les paroles

avant

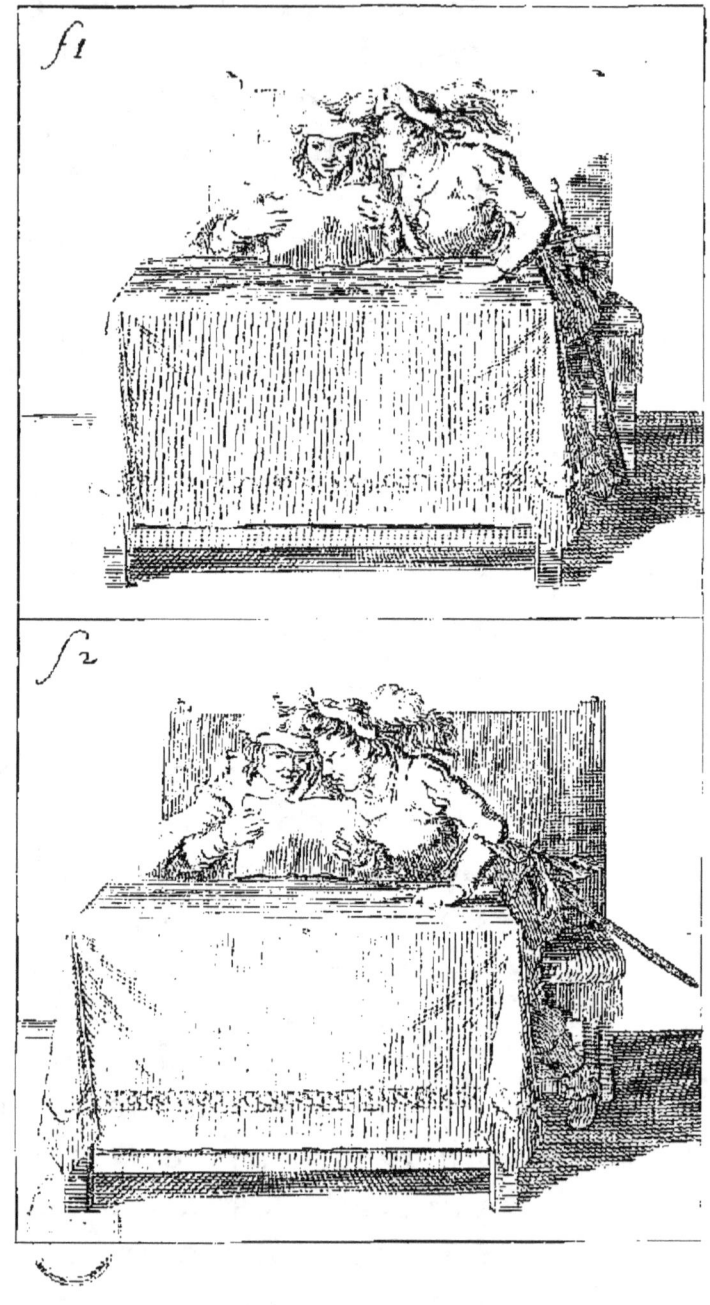

avant qu'elles ne soient prononcées; &, conformément à la remarque faite plus haut (1), suivant laquelle, lors d'un récit intéressant, celui qui l'écoute saisit souvent son interlocuteur par l'habit, ou par quelque partie de son corps, le comte Palatin porte aussi la main sur l'épaule du chevalier (2). L'étonnement d'*Othon* ne peut plus s'accroître, mais bien sa fureur, ainsi que le désir qu'il a de savoir tout le contenu de la lettre. Quoique par lui-même l'avertissement donné par l'empereur au duc de Pologne soit déjà très-offensant pour lui, cependant la raison qu'il en produit l'est infiniment davantage ; savoir, que l'esprit d'*Othon* est trop altier & trop enclin à la rebellion & à la discorde. Ces mots sont à peine prononcés, qu'*Othon* a quitté sa place ; c'est trop peu pour lui que de saisir le chevalier par l'épaule ; il lui passe le bras droit entièrement autour du col, tandis qu'il appuie avec force son poing sur la table. Un regard fixé sur le visage du lecteur ne lui paroît plus un moyen propre à

---

(1) Voyez Lettre XV, Tome I, pag. 159.
(2) Voyez Planche XXXII, fig. 1.

satisfaire assez promptement sa curiosité : sans songer qu'il ne sait pas lire, il regarde la lettre avec l'expression du desir & de la fureur parvenus à leur plus haut degré (1).

J'ignore si pour d'autres que vous, mon ami, cette description sera assez claire & assez frappante, & si elle fera bien sentir l'exactitude & la vérité dans la gradation & dans le développement successifs des plus petits mouvemens propres à la situation dont il s'agit ; mais j'espère que vous en serez satisfait, puisque votre mémoire suppléera facilement à ce qui pourroit y manquer.

Des affections intuitives on passe aux desirs qui leur sont analogues de la même manière que d'un degré inférieur d'une affection on passe à un degré supérieur ; car au fond ce passage n'est absolument autre chose qu'un développement successif, qu'une progression graduelle. La mauvaise humeur peut être trop foible pour que, transformée en colère, elle déploie son activité ; il se peut que l'amour soit seulement une douce impression sans

––––––––––––

(a) Voyez Planche XXXII, fig. 2.

qu'une tendance extérieure à la poffeffion de l'objet aimé puiffe le rendre fenfible ; & la douleur peut être trop modérée, trop concentrée, pour caufer des agitations extérieures ou des paffions violentes. Malgré cela, chacune de ces affections confifte déja en une impulfion fecrette de l'ame qui n'a befoin que d'être fortifiée par des impreffions fur les organes, ou par des idées de l'imagination plus vives & plus répétées, pour fe manifefter comme defir au-dehors. Lorfqu'aucun obftacle n'en arrête l'activité, ou quand l'obftacle qui s'y oppofe fe détruit de lui-même, le paffage fe fait d'une manière facile, directe & fans état intermédiaire : un ruiffeau tranquille n'a befoin que d'une plus forte quantité d'eau ; & il fuffit de détruire la digue qui arrête un ruiffeau déja enflé pour que l'un & l'autre fuivent leur cours dans les lits qu'ils fe font creufés. Il en eft fans doute autrement, lorfque l'obftacle doit être furmonté par les propres forces du defir : dans ce cas, il exiftera un état intermédiaire accompagné d'inquiétude, un fentiment compofé, un combat peut-être douteux entre des affections, dont je ne puis parler qu'après que j'aurai examiné le passage d'une situation de l'ame à une autre d'une espèce différente.

La réflexion la plus rapide vous prouvera d'abord que ce passage n'est pas d'une égale facilité à l'égard de toutes les affections, & qu'il se fait tantôt avec beaucoup de célérité, & tantôt d'une manière très-lente. La théorie ne peut rien déterminer par rapport à la rapidité de ces sortes de passages & aux difficultés qui les ralentissent, lorsque la nature & la complication des événemens, ou les qualités individuelles des caractères en font la source. Les variétés vont ici à l'infini, & il y auroit non pas de la hardiesse, mais une espèce de folie, à vouloir en mesurer l'immensité. Toutes les fois que dans la nature générale même des sentimens, indépendamment des événemens & des idées qui les excitent, & des caractères qui en sont affectés, il y a une cause de cette facilité ou de ces difficultés dans leur succession, la théorie peut & doit même prendre cette cause en considération. J'appellerai *prochaines* les affections dont la succession se fait sans difficulté, & *éloi-*

gnées, celles qui se trouvent oppofées entr'elles.

La première & la plus importante queftion qu'il y ait à former ici, c'eft de favoir à quels fignes certains, effentiels & permanens nous pouvons connoître cette *proximité* ou cet *éloignement* ? La différence que nous remarquons à cet égard n'eft certainement pas de la même efpèce que celle qu'on établit ordinairement entre les affections agréables & les défagréables. Une mélancolie profonde qui, renonçant volontairement à l'ufage de fes forces, n'emploie pas le moindre effort pour fe délivrer d'un mal, parce qu'elle ne voit aucune poffibilité d'y réuffir, eft fans doute une affection très-défagréable & fort malheureufe. Et cette fureur, qui, dans fes aveugles tranfports, pouffe l'homme à des violences envers lui-même, n'eft certainement pas un fentiment pareil à celui que nous donnons aux tranquilles habitans des champs éliféens. Cependant, quelle diftance confidérable n'y a-t-il pas entre ces deux affections ? combien de fituations intermédiaires d'une durée très-longue n'eft-on pas forcé de fuppofer pour trouver une liaifon naturelle entre ces deux affections ? Voici un autre exemple : l'amour tendre, doux & concentré en lui-même, qui sympathise tant avec le murmure d'un ruisseau limpide serpentant à travers des prairies émaillées de fleurs, ou avec celui des feuilles agitées par le zéphyre, est sans contredit un des sentimens les plus doux & les plus heureux des mortels : & celui qui, animé d'une joie vraie, la manifeste par la danse, par des battemens de mains, par des cris d'alégresse ou par des éclats de rire, n'est certainement rien moins que malheureux à nos yeux. Mais avec quelle répugnance l'amant ne quittera-t-il pas le gazon où mollement étendu il soupiroit ses amours, pour partager les orgies bruyantes & tumultueuses de l'homme livré à la joie ; & combien peu celui-ci sera-t-il disposé à s'enivrer à côté de l'amant, du même sentiment doux & voluptueux qui absorbe toutes les facultés de ce dernier ? Au reste, il n'est pas moins vrai, que très-souvent les extrêmes se touchent : les sensations agréables avoisinent les désagréables en tant de points, & les unes se transforment dans les autres souvent avec tant de facilité & d'une manière si imperceptible ! Dans tel instant l'amour est encore une langueur douce & voluptueuse, une jouissance tranquille des beautés du corps ou de l'ame : une idée triste se réveille subitement dans l'imagination ; le cœur la saisit sans répugnance, & l'amant heureux tombe tout d'un coup dans la mélancolie. --- Vous me direz que cette mélancolie même est un sentiment plus délicieux que désagréable ; mais ceci ne rend pas votre cause meilleure, & ne sert qu'à nous rappeller que les idées de l'agréable & du désagréable sont si équivoques & si incertaines, qu'elles se confondent imperceptiblement par des nuances extrêmement fines & foibles, & qu'il n'existe presque nulle part des limites rigoureusement déterminées, invariables & permanentes qui les séparent.

Ici la classification en affections qui élèvent l'ame & en affections qui l'abattent ne serviroit pas mieux à notre objet. L'admiration & la colère appartiennent certainement aux premières ; mais supposons que mes sens & mon imagination soient occupés par un sujet grand & sublime, & que toute la faculté pensante de mon ame en soit, pour ainsi dire, remplie ; dans cette situation , trouverai-je une transition immédiate à la colère & au desir de me venger dès le premier instant que j'y serai provoqué ? Quelle que puisse être la chaîne des idées & des événemens, n'aurai-je pas besoin d'un certain intervalle pour me recueillir & pour me reconnoître ? Un mouvement intermédiaire de l'ame n'aura-t-il pas lieu , & ne faudra-t-il pas qu'on y passe nécessairement pour arriver à l'affection indiquée ? --- L'effet de la crainte qui nous rend incertains & tremblans, & de ce ravissement qui plonge l'ame dans un doux allanguissement, dont je vous ai déja tracé l'esquisse dans ma dix-neuvième lettre (1), n'est-il pas d'en abattre & d'en relâcher les facultés : mais malgré cela pouvez-vous trouver quelque caractère , quelque succession d'idées qui puissent rendre possible la liaison immédiate de deux sentimens aussi différens & aussi opposés ? --- Cependant cette dernière classification contient en effet quelque chose de ce que nous cherchons ; elle

---

(1) Voyez Planche XVII, fig. 1. Tome I, p. 204.

nous rapproche davantage de la solution du problème que la première, & il s'agit seulement d'en saisir l'essentiel & de l'examiner par une analyse exacte.

LETTRE XLII.

Votre attention doit se porter principalement sur les propriétés de la marche des idées des différentes affections pour connoître la véritable cause de la succession médiate ou immédiate de certaines situations de l'ame. Lorsque les affections se ressemblent dans la marche de leurs idées elles sont prochaines, & éloignées quand cette ressemblance n'a pas lieu. Mais cette ressemblance peut exister ou ne pas exister sous plus d'un rapport : la marche des idées n'est pas seulement rapide ou lente ; elle est aussi ferme ou légère, suivie ou interrompue, égale ou inégale : il s'agit donc maintenant de savoir auquel de ces rapports il faut s'attacher ? Je répondrai qu'il faut tâcher de les saisir tous. Ainsi que le médecin, en voulant étudier l'état d'un malade, ne doit pas seulement obferver la célérité ou la lenteur, mais auffi la plénitude ou la foibleffe, l'égalité ou l'inégalité du pouls; de même le phyfiologue qui veut connoître le véritable état de l'ame, ne doit pas s'attacher exclufivement à l'un ou à l'autre point, mais à tout ce qui dans l'ame, par rapport à la marche de fes idées, peut être analogue à ces modifications corporelles que le médecin doit chercher à faifir. En effayant d'employer ces fignes dans vos propres recherches, j'efpère que par-tout vous en reconnoîtrez la juftelfe; vous trouverez que les affections fe fuccèdent d'autant plus facilement qu'il y a une reffemblance plus frappante, & tenant à une plus grande quantité des points que j'ai indiqués, & que leur fucceffion eft d'autant plus difficile dans la proportion contraire. Une caufe ultérieure de ceci exifte dans la nature même de l'ame, dans cette tendance qui lui eft propre de prolonger la fituation où elle fe trouve; tendance qui fe foutient à côté d'une autre non moins effentielle, par laquelle l'ame cherche fans ceffe le changement & la variété. De même que cette dernière tendance ne permet au-

cune durée d'une situation uniforme &
dans un degré de force toujours égal;
de même aussi la première ne permet
point de saut, point de révolution brusque, & point de série immédiate de situations opposées entr'elles. Un léger changement ne cause aussi qu'une altération légère & peut-être imperceptible;
un changement plus grand produira
un plus grand désordre, & la durée de
l'un & de l'autre sera proportionnée à
l'impulsion de leurs causes.

Appliquons maintenant les marques
distinctives que je viens d'établir, d'abord aux affections dont nous n'avons
pu expliquer la proximité ou l'éloignement par la raison qu'elles étoient
agréables ou désagréables, qu'elles élevoient ou abattoient l'ame. Pourquoi
une liaison immédiate ne peut-elle exister entre la profonde mélancolie & la
souffrance accompagnée de fureur ?
Cette première affection qui se complait
dans sa tristesse, qui trouve un charme
secret à en agrandir les motifs, a une
marche indolente; loin d'avancer elle
semble plutôt rester au même point,
ou y revenir avec complaisance lorsqu'elle s'en est tant soit peu écartée:

sa progression, si elle a lieu, est silencieuse, timide & foible, & ses mouvemens sont doux, liés & comme fondus l'un dans l'autre. La marche de l'autre affection au contraire, est rapide & brusque, la vigueur, la violence même caractérisent ses pas, & ses mouvemens sont rudes, irréguliers, heurtés & varient sans cesse. --- Pourquoi le passage immédiat d'un amour tendre & tranquille à une joie vive & bruyante n'a-t-il pas lieu ? L'un avec une voluptueuse lenteur s'arrête à la contemplation de chacun des charmes de l'objet aimé ; il enchaîne toutes ses idées avec douceur & d'une manière insensible ; il en parcourt la riante série sans précipitation & sans bruit. La joie, au contraire, a une marche ferme, rapide & fière, mais en même-tems sémillante, ce qui en exclut l'uniformité. --- Pourquoi l'admiration mêlée d'étonnement & la colère furieuse ne sont-elles pas des affections susceptibles d'une liaison immédiate ? L'une marche avec une lenteur majestueuse ; l'autre est impétueuse & brusque ; le pas de la première est égal & mesuré ; celui de la seconde ne connoît ni règle, ni frein ; l'une, malgré sa plénitude, n'en est pas moins continue & douce ; l'autre, dans son accroissement, devient d'autant plus rude, d'autant plus heurtée & d'autant plus tumultueuse que ses explosions sont plus inattendues.—Pourquoi ce doux ravissement qui allanguit les ames tendres ne peut-il s'associer immédiatement à l'effroi, ni à la crainte, ni à la terreur pannique? La marche de la première affection est très-lente, celle des autres très-rapide ; l'une procède sans interruption & avec une mesure égale, l'inégalité & l'incohérence caractérisent les autres ; d'un côté la fermeté se réunit à la plénitude ; de l'autre il n'y a qu'incertitude, que foiblesse. Si une liaison immédiate entre les affections dont il s'agit devoit avoir lieu, il faudroit que l'ame changeât tout-à-coup de situation, tantôt en grande partie, tantôt en totalité, & même sans aucun intervalle quelconque. — Il n'en est pas ainsi de l'amour langoureux & de la mélancolie douce & voluptueuse. La marche de leurs idées se ressemble en plusieurs points ; par exemple, dans la lenteur, dans la continuité & dans l'égalité ; & la seule différence qu'il pourroit y avoir ne fe trouvant peut-être que dans la plénitude, pourquoi ces deux affections ne pourroient-elles pas fe fuivre immédiatement & fans la moindre difficulté ?

Nous ne finirions pas, fi nous voulions paffer en revue toutes les affections dont nous avons marqué les différences, & déterminer le degré de leur proximité & de leur éloignement réciproque, en les comparant entr'elles fuivant la reffemblance ou la diffemblance de la marche de leurs idées. Cependant, éxaminons encore une feule affection pure; par exemple, la colère, dans les points par lefquels elle tient à d'autres affections, & appliquons-y notre théorie pour en conftater la juftefle. Si l'on demande : pourquoi la confiance réfléchie en fon propre mérite, en fon courage & en fes forces rend l'homme plus enclin à la colère que toute autre tranquille affection contemplative ? La réponfe fe préfente fur le champ, lorfqu'on réfléchit à la fituation dans laquelle ce fentiment orgueilleux place l'ame : la plénitude, la fermeté & l'énergie fe trouvent déja dans la marche des idées ; il ne lui manque que de la célérité dans un accroiffement porté jufqu'à la fureur, & l'ame fera montée au ton où elle doit être pour paffer tout-à-coup à la colère. Veut-on favoir pourquoi la joie, quelqu'oppofée qu'elle puiffe paroître à la colère, n'y paffe pas moins avec la plus grande facilité, lorfqu'elle eft portée à l'excès ? (obfervation dont la vérité eft conftatée par les rixes qui accompagnent ordinairement les orgies bruyantes ;) la nature de la marche des idées fournira également la folution de ce problême : la joie trop exaltée eft d'une célérité fi grande & fi inquiète, fa marche eft fi ferme, elle s'élance avec tant de vigueur, qu'un degré de tenfion de plus fuffit pour faire paffer l'ame fubitement à la colère. Eft-on curieux de connoître la raifon qui rapproche la fouffrance de la colère d'une manière très-intime, au point que le paffage réciproque de l'une à l'autre ne tient qu'à un degré ? il fuffira de confidérer attentivement le torrent des idées propres à ces deux affections. Dans toutes les deux la célérité, la plénitude & l'impétuofité de ce torrent font d'une égalité fi frappante, qu'il eft impoffible de trouver entre les affections une harmonie plus complette. Veut-on favoir pourquoi le defir de jouiffance dégénère fi facilement en fureur ? ce fera encore la fituation de l'ame qui en donnera l'explication. La marche des idées de ce defir porté au fuprême degré eft rapide, ferrée, irrégulière, & ces propriétés lui font auffi effentielles qu'elles le font à celle qui caractérife le développement des idées de la colère.----Je conviens qu'aucune de ces explications n'eft parfaitement fatisfaifante, & qu'on pourroit alléguer encore beaucoup d'autres raifons fur cet objet. J'efpère, mon ami, que cet aveu ne vous furprendra pas : à la vérité, je ne me fuis attaché ici qu'à la poffibilité la plus générale d'une liaifon refpective entre différentes affections ; mais vous vous rappellez bien fans doute, que dès le commencement de ces recherches je leur ai fixé ces limites.

Jettez encore une fois un regard attentif fur les exemples que nous venons d'examiner, & ils vous fourniront matière à quelques remarques importantes. La première fera, que le voifinage ou l'éloignement qui peut exifter entre des affections ne dépend pas tant de leur nature en général, que du degré de leur force refpective. Pour

prouver

prouver que la douleur & la mélancolie sont des affections éloignées, entre lesquelles une liaison immédiate ne peut avoir lieu; il ne suffisoit pas de les nommer tout uniment; mais il falloit qu'en les considérant dans leurs degrés supérieurs, je prisse la douleur accompagnée de la fureur & de la mélancolie la plus profonde. Lorsque ces affections sont dans un degré inférieur, il n'y a presque pas de difficulté de passer immédiatement de l'une à l'autre. Celui qui, abattu par la douleur, fixe tristement le tombeau de l'ami qu'il vient de perdre, sent tout-à-coup le poids du chagrin dont il est accablé; en poussant un profond soupir il lève vers le ciel des yeux éteints par les larmes, & après avoir procuré ce court soulagement à son cœur navré, il retombe dans sa première mélancolie; ses muscles perdent subitement leur tension passagère, & sa tête s'affaisse davantage sur sa poitrine. Il étoit nécessaire que je déterminasse, de la même manière, plus particulièrement toutes les autres affections, pour rendre leur éloignement sensible; il falloit donc que je peignisse l'amour doux & tendre, la joie vive & bruyante, l'admiration pleine & mêlée d'étonnement, la colère impétueuse & portée jusqu'à la fureur. J'ai déja remarqué, en parlant de la nécessité de modérer le jeu dramatique (1), que dans les degrés inférieurs les affections s'évanouissent, se nuancent, se mélangent & se métamorphosent plus facilement à raison des sentimens excités par les situations du moment. A mon avis, on fera donc mieux de parler de la proximité de plusieurs mouvemens, de plusieurs états passionnés de l'ame, que de celui de plusieurs affections. Cette dernière expression engage trop facilement à s'occuper seulement de l'idée de l'espèce en particulier, & empêche de porter son attention sur la situation entière & spéciale dans laquelle l'ame se trouve placée.

A cette remarque s'en lie sur le champ une autre; savoir, que dans l'examen de la proximité des mouvemens de l'ame, il ne faut pas s'attacher à la manière ordinaire de s'exprimer, quoique ce soit aussi souvent celle qu'emploie la philosophie.

───────────────

(1) Voyez Lettre XXXIV, pag. 237 de ce Volume.

Cette manière de s'énoncer ne fait pas toujours connoître les passions avec une exactitude rigoureuse; tantôt au lieu d'indiquer un mélange, elle fait seulement mention de l'affection qui y domine; tantôt elle désigne une situation de l'ame tout-à-fait disparate par le nom de l'affection fondamentale qui en est la cause. C'est ainsi qu'on dit communément & sans aucune difficulté, que souvent le jaloux passe subitement de la fureur la plus terrible à l'amour le plus tendre; & cependant une succession immédiate ou seulement prochaine de deux affections aussi opposées entr'elles est absolument impossible. Examinez *Othello*, qui offre un tableau si complet & si parfait de la jalousie : que trouvez-vous dans la scène, où ce *More*, après avoir parlé avec tant de violence à sa femme, est ensuite attiré par ses charmes avec une force irrésistible ? Rien autre chose sans doute que des émotions qui vont jusqu'à l'attendrissement; ensuite une explosion subite de la plus cuisante douleur, dont l'amour est probablement la source, mais qui n'offre ni trace, ni soupçon des mouvemens caractéristiques de cette passion (1). Et

(1) *Acte IV, Scène* 2.

déja auparavant, c'est-à-dire, dans la scène avec *Jago*, où, après avoir déclaré sa ferme résolution d'ôter la vie à *Desdémona*, *Othello* se rappelle tout d'un coup sa beauté, les qualités aimables de son esprit, ses manières douces & engageantes, enfin, toutes ses perfections ; qu'y trouvez-vous de plus qu'une émotion intérieure remplie d'angoisses secrettes, qu'une souffrance aussi vive que profonde de laquelle il peut retomber à chaque instant dans cette première fureur, qui le pousse à la vengeance ? passage qui ne pourroit avoir lieu si son cœur étoit ému par une véritable tendresse(1). L'amour est sans doute l'affection fondamentale qui cause ces émotions violentes dans son ame ; mais ces émotions mêmes n'ont rien de cette mollesse, de cette douceur, de cette tendre langueur qui caractérisent ce sentiment.

Ma troisième remarque tombe sur ce que la facilité de la liaison, à l'égard de toutes les affections prochaines, n'est pas réciproque. Le passage de la colère à

---

(1) Othello, *Acte IV, Scène 1.*

la douleur, & de celle-ci à la colère, est également facile & rapide; mais le retour de la colère à la joie ou au sentiment fier & tranquille de sa propre grandeur est un pas plus mal-aisé que ne l'est celui de ces dernières affections à la première. Il en est ici des mouvemens de l'ame comme des vagues de la mer : sans doute la tempête doit avoir déployé pendant quelque tems sa fureur avant qu'elle ne pénétre dans les abîmes de l'océan, & qu'elle n'en lance les flots jusqu'aux nues; mais il faut bien plus de tems pour que les vagues agitées puissent devenir tranquilles, & qu'elles n'offrent plus qu'une douce ondulation ou un calme parfait. Cette comparaison, ainsi que vous le remarquerez sans peine, ne peut s'appliquer ni à la colère, ni à la douleur : l'une de ces affections est aussi brusque, aussi impétueuse que l'autre; &, par une conséquence naturelle, le passage de l'une à l'autre est également facile.

La discussion précédente vous prouve que ce qui a été dit des mouvemens de l'ame d'une seule espèce, peut aussi s'appliquer à ceux d'une espèce différente, soit prochaine ou éloignée. La succession des premiers, si la marche de leurs idées n'est pas tout-à-fait la même, consiste seulement dans un accroissement ou une diminution insensible, soit dans la célérité, dans la plénitude, dans la fermeté ou dans l'égalité de cette marche, ou dans plusieurs de ces qualités à la fois. La succession prochaine & immédiate des mouvemens de l'ame qui sont éloignés entr'eux seroit un saut; & la nature n'en fait point, ni dans la sphère intellectuelle, ni dans le monde corporel : tout est lié dans ses opérations par des chaînons, à la vérité, souvent imperceptibles ; & lorsque nous croyons qu'elle a franchi de grands intervalles, ce n'est que parce que le lien invisible en a échappé à notre pénétration. De pareils passages brusques sont donc impossibles : le torrent rapide des pensées ne peut être subitement arrêté, ni leur cours lent & paresseux être accéléré tout-à-coup; & encore moins peut-on changer en un instant les différentes qualités que nous avons remarquées dans leur marche; de sorte qu'avec un degré inférieur de fermeté il s'y manifeste rapidement beaucoup plus de célérité, &c. Un certain désordre, une fluctuation inquiète entre l'état qui doit cesser & celui qui doit commencer aura donc lieu ici aussi-bien que dans les liaisons des mouvemens de l'ame dont l'espèce est la même, mais dont les degrés sont moins rapprochés. Lorsque l'éloignement qui existe entre les affections est très-petit, c'est comme si ces affections étoient prochaines. Le désordre, qui, lors de leur liaison aura lieu, sera momentané, & échappera peut-être à l'œil de l'observateur ; concentré, pour ainsi dire, dans les fibres les plus fines & les plus secrettes, il y causera une légère commotion, qui se propagera à peine jusqu'aux yeux & aux lèvres, & moins encore jusqu'aux parties du corps plus difficiles à émouvoir. Lorsque l'éloignement est considérable, alors l'agitation, l'oscillation & les efforts de l'ame affectée par deux sentimens incompatibles deviendront sensibles à l'organe de la vue par les modifications que le corps subira. Ici l'on remarque, suivant la différence des cas, tantôt les secousses du rire, tantôt les convulsions des pleurs, tantôt un changement subit de la couleur du visage, un tremblement de tous les membres, cette agitation inquiète qui décèle le doute, l'inquiétude, ou d'autres mouvemens indécis & incertains de ce genre. --- Dans l'art de la déclamation les différens changemens & les ruptures dans le ton répondent à ces modifications de la pantomime.

Vous vous attendez peut-être que je vais parcourir avec vous le vaste champ d'observations qui s'offre ici à notre curiosité, sinon entièrement, du moins en partie ; & que j'essayerai de faire sortir des propriétés caractéristiques de la marche des idées, les phénomènes extérieurs que leur mélange & le désordre excité dans l'ame doivent produire lors du passage d'une affection à une autre. Mais, à mon grand regret, tout ce que je pourrai dire ici se réduit à des remarques en partie triviales & en partie très-indéterminées ; & j'avoue que pour indiquer avec exactitude & précision les observations plus fines & moins connues, en général, que cette matière pourroit offrir dans son développement, je n'ai pas assez de pénétration & d'adresse, ou bien la langue n'est pas assez riche en termes propres dont j'aurois befoin pour rendre mes idées. Je n'ai indiqué qu'en général les différences qui exiftent dans la marche des idées propres à chaque affection, ainfi que celles qui caractérifent les modifications du rire, des pleurs, du tremblement, &c. Avec quelle précifion ne faudroit-il pas déterminer chacune de ces différences ! avec quelle exactitude ne faudroit-il pas indiquer dans les premières la proportion de leurs qualités infiniment variées, & dans les autres les degrés & les nuances ! D'ailleurs il faudroit que ce travail fût poffible pour que les réfultats de pareilles difcuffions ne devinffent pas ou très-infuffifans, ou en partie, felon les apparences, complettement inexacts ! Cependant, il n'étoit pas inutile d'offrir ce genre de fpéculation à votre efprit avide de recherches. Quoique ce ne foit qu'une légère efquiffe, elle peut néanmoins, telle que je la préfente, être de quelqu'utilité à l'artifte, en l'excitant à chercher le gefte, la mine & l'attitude convenables à chaque fituation, en lui donnant du goût pour un genre d'obfervations dont la réunion & la comparaifon, malgré tous les obftacles qui se présentent ici, peuvent lui procurer à la fin des connoissances plus exactes, plus complettes & plus solides qu'on n'en a eu jusqu'à présent sur une matière aussi difficile.

LETTRE XLIII.

On trouve dans une dissertation de Hume, sur les passions, une observation qui me paroit plus belle & plus féconde que celle que vous avez citée de l'ouvrage de Home. Le premier de ces auteurs compare l'ame à un instrument à cordes, dont les vibrations des cordes frappées continuent après que l'impulsion a cessé, & ne se perdent que peu-à-peu & d'une manière imperceptible (1). Par cette raison, les tons qui

_____

(1) *Essays and Treatises on several Subjects* Vol. III, p. 253. If we consider the human mind we shall observe, that, with regard to the passions it is not like a wind-instrument of music, wich in running over all the notes, immediately loses the sound, when the breath ceases; but rather resembles a string-instrument, where, after each stroke the vibrations still retain some sound, which gradually and insensibly decays. The imagination i extremely quick and agile ; but the passions, i comparison, are slow and restive : for wich reason

suivent les premiers, ne sont jamais bien purs ; les nouvelles vibrations sont entendues avec les premières qui durent encore, & les tons se mêlent & se confondent l'un dans l'autre. De la même manière, des affections qui doivent se succéder rapidement, ne peuvent jamais être pures ; la situation dans laquelle l'ame a été placée par la première affection dure encore lorsque la nouvelle commence déja, & jusqu'à ce que l'effet de celle-ci cesse entièrement, l'union s'en fait par un sentiment composé. Home, qui parle simplement du ton de l'ame sans une détermination plus précise, nous laisse dans l'incertitude, si sa comparaison est prise du ton de la flûte, qui s'évanouit avec la cessation de l'expiration, ou de celui de la harpe, dont les vibrations de la corde pincée en prolongent la résonnance (1).

---

when any object is presented, wich affords a variety of views to the one, and emotions to the other ; tho' the fancy may change its views with great celerity ; each stroke will not produce a clear and distinct note of passion, but the one passion will always be mixed and confounded with the other.

(1) *Elements of Criticism*, T. I, p.

Vous m'exhortez à ne pas ménager les exemples toutes les fois qu'il n'est guère possible de s'en passer, & en effet mon intention étoit de vous en donner; mais on ne peut pas taxer quelqu'un d'avarice, parce qu'il ne donne pas sur le champ tout ce qu'il possède, ou parce qu'il ne partage pas les trésors que, par un travail long & pénible, il faudroit arracher auparavant de la terre, dont il lui est même impossible de tirer tous ceux qu'elle renferme. Je me bornerai donc à quelques exemples seulement, pour prouver que les recherches dont nous nous sommes occupés jusqu'à présent, peuvent avoir en effet leur utilité pratique, & pour encourager des artistes penseurs à multiplier les observations sur cette matière intéressante. Ces exemples ne doivent pas être d'une trop grande subtilité. Je me suis déja plaint plusieurs fois que pour désigner les nuances trop foibles des passions, on ne trouve pas dans la langue des expressions convenables & claires, ni dans le raisonnement des causes dont on pourroit les déduire. Une imagination exercée peut seule s'en faire une idée, de même qu'une senfibilité exquife peut feule les exiger dans le jeu de l'acteur.

En lifant certaines fcènes de la comédie d'*Agnès Bernauer*; par exemple, la cinquième fcène du premier, & la troifième du quatrième acte, vous ne trouverez aucune difficulté à tracer toute la fucceffion des mouvemens du rôle d'*Albert*, parce que malgré leur variété ils font tous modérés & prochains. La retenue & la fierté dominent dans la première de ces fcènes, & la tendreffe ainfi que les douces émotions dans la feconde; là l'affection principale a des nuances du mépris, du dédain, du courage altier, & d'une confiance réfléchie dans la force corporelle; ici elle a celles du fentiment moral & de la nobleffe, qui en eft inféparable, de l'efpérance, de la confiance, & de la joie douce & pure; & toutes ces variations font fi modérées, fi aifées, que chacune paroît fe développer de l'autre comme d'elle-même & fans aucune difficulté. Il n'en eft plus de même dans d'autres fcènes; par exemple, dans la troifième du fecond acte, où des mouvemens d'une nature entièrement oppofée doivent fe fuccéder avec rapidité.

L'étonnement dans lequel *Albert* es[t] jetté par un affront inattendu & publi[c] doit bientôt l'enflammer de la colère l[a] plus violente. Ici ce prince paroît dan[s] une double situation : son cœur est atta[c]qué par l'endroit le plus sensible ; c'est-àdire, qu'on blesse l'honneur du chevalier & la tendresse conjugale de l'époux & ceux qui l'offensent si cruellemen[t] sont ses vassaux, ses sujets. Mais a[u] milieu de ceux-ci paroît tout-à-cou[p] *Erneste*, qui mérite autant de respec[t] par sa qualité de souverain légitime qu[e] par celle de père. Ce seroit sans doute u[n] jeu très-faux & très-contraire aux convenances, si pendant toute cette scèn[e] *Albert* conservoit un ton uniforme [;] s'il jouoit avec une vivacité également tu[multueuse, lorsqu'il adresse la parole a[u] duc, aux généraux, aux chevaliers, &c. Cependant il est nécessaire que l'effe[t] de sa colère tombe aussi sur *Erneste*, qui est le plus important & le plus acharné de ses accusateurs : mais si l'acteu[r] chargé du rôle d'*Albert* a le sentimen[t] des convenances ; s'il ne veut pas révolter contre lui tous les spectateurs, il faut qu'au milieu des emportemens de la colère il marque encore de la foumiſſion, de la modération & du reſpect envers ſon ſouverain. Quand il brave les chevaliers, ſon ton peut être ferme & décidé ; mais ſon jeu doit être plus modéré lorſqu'il montre ſon indignation au duc: en appellant les premiers au combat, il peut s'approcher des barrières auſſi près qu'il voudra ; en ſe juſtifiant vis-à-vis de ſon père, il doit en reſter éloigné. Il peut jetter avec force ſon corps en avant lorſqu'il adreſſe la parole aux premiers ; mais à l'égard de l'autre, il ne doit ſe courber que foiblement & d'une manière inſenſible ; cependant le reſpect ne peut modérer la colère juſqu'au degré néceſſaire, ni ſubitement, ni immédiatement; & ce reſpect peut moins encore prévaloir au point, que dans le mêlange de ſentimens il paroiſſe comme le trait principal & dominant. Le premier de ces deux effets eſt rendu impoſſible par le trop grand éloignement qui exiſte entre ces affections, & le ſecond par la nature violente & impétueuſe de la colère. *Albert* a rompu ſa lance ; il a déclaré que le tournois n'aura plus lieu, il a juré de pourſuivre à toute outrance, & juſqu'à la mort, quiconque, en dépit de

cette déclaration, feroit affez hardi de defcendre dans l'arène ; il a défié les chevaliers d'éprouver fon bras, fon épée & fon courage ; il a jetté le gantelet comme gage du combat à tous ceux qui oferoient attaquer l'honneur de la maîtreffe de fon cœur : & immédiatement après ces trois terribles explofions il adreffe de rechef le difcours à fon père. Ne trouvez-vous pas qu'une triple paufe devient ici abfolument néceffaire, fi *Albert* veut en quelque façon modérer fa chaleur, ou même feulement jufqu'à un certain point, afin qu'elle n'éclate pas avec trop de véhémence & trop d'impétuofité en parlant au duc ? Pendant ces paufes ne le voyez-vous pas lutter, pour ainfi dire, avec le feu qui le dévore, & ne s'en rendre maître que par le plus grand effort, fur-tout à l'inftant où il a foulé aux pieds fa lance brifée ; ne le voyez-vous pas faire quelques pas qui défignent fon inquiétude, fe tourner de côté & d'autre avec irréfolution, & diriger fes regards vers le duc, à regret, & de manière à faire appercevoir qu'il lui en impofe ? Et lorfqu'enfin il commence à parler, ne fentez-vous pas qu'il doit éprouver un tremblement
univerfel,

universel, qu'il faut qu'il change de couleur, que sa voix doit être incertaine, & qu'on doit toujours s'appercevoir qu'il est dominé par la colère, laquelle enfin, après le funeste signal qu'il donne avec son épée, lui fait oublier les devoirs de sujet & de fils, & l'emporte au-delà de toutes les bornes du respect ?

Ce premier exemple n'est pas de mon invention ; & je n'ai pas besoin non plus de créer le second ; il suffira que je me le rappelle tel que je l'ai vu sur la scène. *Alceste*, qui, pour sauver son époux, s'est dévouée aux dieux infernaux par un serment solemnel, est subitement frappée par l'idée terrible qu'elle entend déjà les battemens des aîles des ombres souterraines, qu'elle les voit s'approcher pour l'entraîner comme une victime qui leur est consacrée. Le compositeur qui développe ces pensées par la répétition du même motif, fait accroître, de parole en parole, l'effroi de cette reine infortunée ; des pauses adroitement ménagées rendent successivement sa respiration plus courte, & le piano, graduellement augmenté, éteint insensiblement sa voix. La dernière des attitudes, dont l'actrice chargée de ce rôle accompagnoit cette déclamation si pleine d'expreffion & de vérité, s'approchoit de l'affaiffement, & prefque de l'anéantiffement ; avec le vifage détourné de l'endroit où elle avoit cru voir les terribles fantômes, elle n'y jetta qu'à moitié des regards furtifs & timides ; les mains renverfées qu'elle avoit oppofées au fpectre, confervoient néanmoins leur première direction, mais elle n'avoit plus ni affez de courage, ni affez de force pour les élever & pour donner une plus forte tenfion aux mufcles ; de forte que foibles & tremblantes, elles retomboient le long de fon corps (1). Immédiatement après cette défaillance caufée par l'effroi, la feconde invocation des dieux infernaux, & le fublime dévouement de cette époufe fidelle devoient avoir lieu. La déclamation muficale eft ici pleine de feu & d'un enthoufiafme fauvage ; elle indique une ame qui déploie le fuprême degré de fes forces ; & parconféquent le jeu doit également avoir un trèsgrand degré de vivacité, fi l'on ne veut

---

(1) Voyez Planche XXXIII, fig. 1.

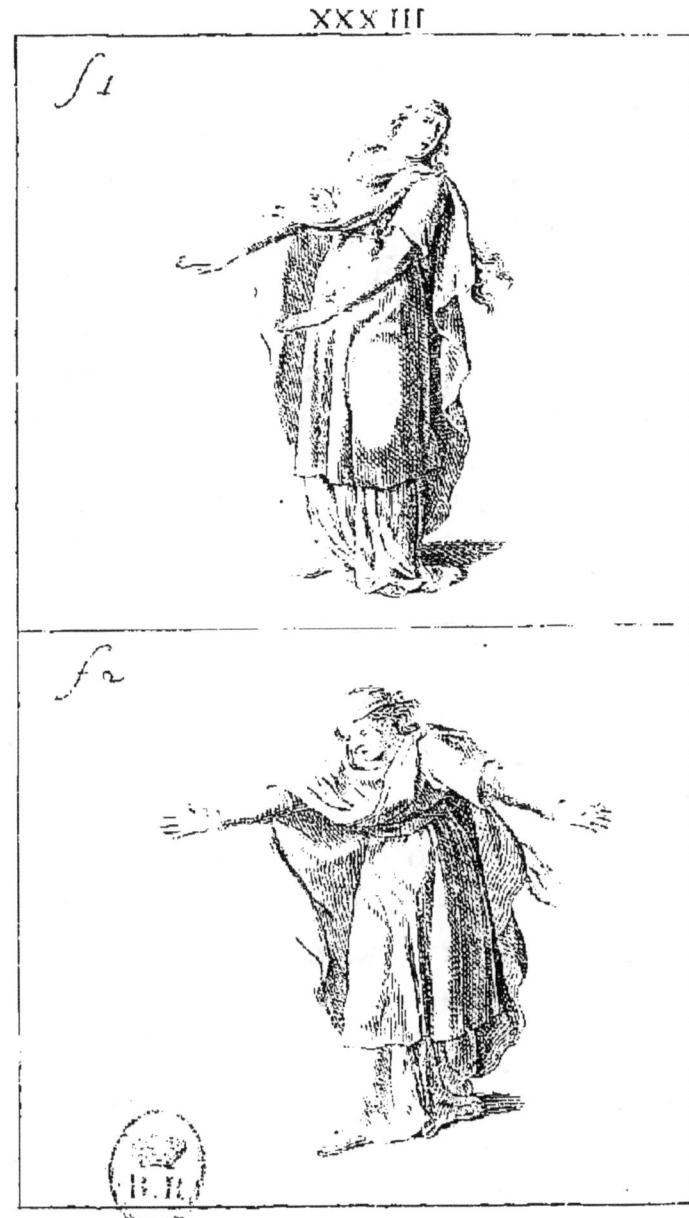

pas qu'un défaut d'harmonie très-désagréable entre l'expression musicale & celle de la pantomime ne détruise l'effet de la situation. Le regard d'*Alceste* doit être fixé vers la terre, puisqu'elle évoque les divinités souterraines; il faut que son corps se penche en avant ; son pas doit être grand, ses bras doivent être étendus, son œil très-ouvert doit s'élancer hors de son orbite, & son regard doit avoir quelque chose d'inspiré ou de hagard (1). Toutes ces expressions prises séparément sont de la plus exacte vérité, tant à l'égard du discours qu'elles doivent accompagner, que par rapport à la situation de l'ame qu'il faut qu'elles désignent ; aucune des deux n'est ni trop outrée, ni trop foible ; mais les rapprocher de si près, faire suivre si rapidement la force à la défaillance, le courage le plus résolu au tremblement de l'effroi, ce seroit agir directement contre les connoissances que le spectateur, même le moins instruit, a du cœur humain & de la nature des sentimens en général. Il fallut donc

―――――――――――――――

(2, Voyez Planche XXXIII, fig. 2.

placer ici une pause, & même très-longue, pour pouvoir lier des sentimens aussi opposés par plusieurs états intermédiaires de l'ame. *Parthenie*, en soutenant la reine prête à tomber, la serra étroitement dans ses bras; *Alceste*, penchée sur le sein d'une sœur chérie, se ranima bientôt, & en levant son foible bras dans le sentiment du désordre qui troubloit son ame, elle porta la main devant le front; tandis que *Parthenie*, avec des regards pleins de douleur & d'amour, paroissoit la conjurer d'abandonner son projet, & de révoquer le vœu terrible qu'elle venoit de prononcer (1). A mesure que son esprit & ses forces revenoient, toute la tendresse d'*Alceste* se réveilla aussi; inébranlable dans sa résolution, d'abord elle détourna seulement ses regards de *Parthenie*; immédiatement après sa main placée dans celle de sa sœur, commença à s'agiter; ensuite ses mouvemens pour s'arracher de ses bras devinrent plus forts, & l'on s'apperçut que ses yeux ainsi que son front exprimoient un

―――――――――――――――――

(1) Voyez Planche XXXIV, fig. 2.

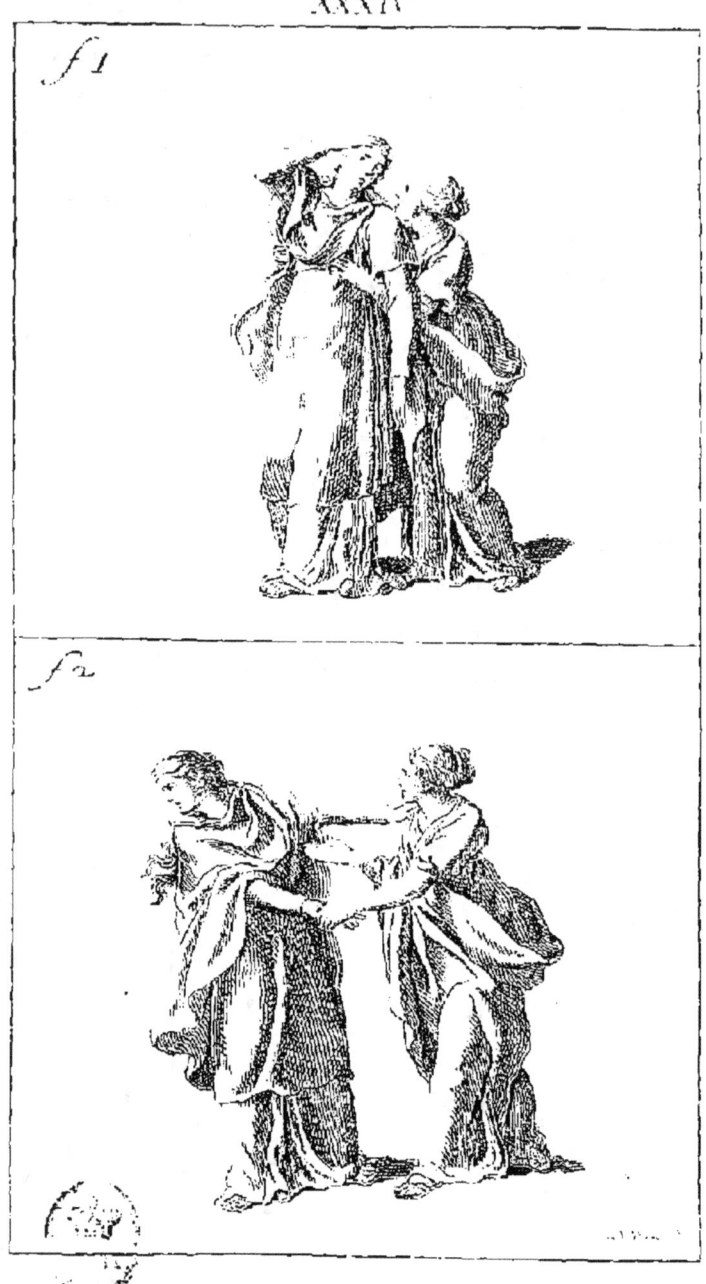

certain déplaisir secret avec la plus noble persévérance : mais après le regard & les embrassemens les plus tendres, la reine, trop fortement attachée à son héroïque dévouement, s'arracha entièrement des bras de *Parthenie* (1), & ce ne fut qu'alors que, dans l'attitude décrite ci-dessus, suivit la seconde invocation courageuse des dieux infernaux. De cette manière, la répétition de ce dévouement se trouva non-seulement parfaitement motivée, mais le saut brusque d'un sentiment à l'autre fut également évité ; & ce qui, sans cette prudente précaution, auroit pu paroître un ornement inutile ou un luxe musical mal entendu, devint un trait admirable & très-expressif du caractère d'*Alceste*.

Afin de ne pas être embarrassé dans le choix d'autres exemples, je reviens à Rémond de Sainte-Albine que nous avons perdu de vue depuis fort long-tems. Il en rapporte deux, l'un pris de la *Phèdre* de Racine, & l'autre de la tragédie de *Zaïre* de Voltaire ; mais le raisonnement dont il les accompa-

---

(1) Voyez Planche XXXIV, fig. 2.

gne est bien peu instructif. *Phèdre* s'étant enfin mise au-dessus de toutes les considérations, & ayant déclaré son amour criminel à Hippolyte, à la vérité d'une manière indirecte, mais cependant assez claire (1), elle en reçoit cette réponse accablante :

Dieux ! qu'est-ce que j'entends ? Madame, oubliez-vous
Que Thésée est mon père, & qu'il est votre époux ?

Hippolyte semble néanmoins vouloir adoucir l'amertume de ce reproche, puisqu'après la réplique de la reine il continue ainsi :

Madame, pardonnez ! j'avoue en rougissant
Que j'accusois à tort un discours innocent.
Ma honte ne peut plus soutenir votre vue,
Et je vais --- ---

mais l'infortunée ne sent que trop bien qu'il l'a comprise ; & quand même elle ne s'en appercevroit pas, sa passion est trop forte pour qu'elle puisse la masquer

---

(1) *Acte II, Scène 5.*

plus long-tems. « Ici, dit Rémond de
» Sainte - Albine, l'amour de cette
» princesse se transforme en fureur.
» Là il n'y a point d'intervalle entre
» les deux mouvemens, & le passage
» de l'un à l'autre n'a point besoin de
» nuances intermédiaires. Par-tout le
» changement n'est pas aussi subit. Or-
» dinairement une passion ne détruit
» pas sans quelque combat une pas-
» sion contraire ; & lorsqu'il s'agit de
» peindre le procédé qu'à cet égard
» suit la nature, le talent de nuer les
» passages est nécessaire aux comé-
» diens (1) ».

D'abord il est faux que l'amour de *Phèdre* se tourne en fureur, ou il faut que Rémond de Sainte-Albine ait donné à ce mot un sens différent de celui qu'il a ordinairement. Il est vrai que son trop long discours commence par cette exclamation :

--- Ah cruel ! tu m'as trop entendue!
Je t'en ai dit assez pour te tirer d'erreur.
Hé bien ! connois donc Phèdre & toute sa fu-
    reur !

---

(1) *Le Comédien*, page 207.

Mais ceci, loin d'être une explosion de la colère, n'est dans le fait que celle de la plus profonde douleur, des souffrances les plus terribles, qui, à la vérité, prennent à la fin le caractère de la fureur, du désespoir, mais non pas celui du desir de la vengeance. Cependant quand même *Phèdre* se livreroit ici à tous les emportemens de la colère, comment Rémond de Sainte-Albine pouvoit-il avancer que cela se fait sans transition, sans affection intermédiaire ? N'avoit-il pas lu cette réponse que la reine avoit faite auparavant à *Hippolyte* :

Et sur quoi jugez-vous que j'en perds la mémoire ?
Prince, aurois-je perdu tout le soin de ma gloire ?

ou ne sentoit-il pas que ces mots doivent être rendus avec le désordre & la confusion visibles de la honte; que durant la tournure adroite & honnête qu'*Hippolyte* donne à son reproche, l'infortunée reine doit lutter avec elle-même, jusqu'à ce que, dans l'impossibilité de sauver son honneur ou de résister à son amour, elle est poussée à lui en faire le douloureux aveu? Si du ravissement extatique dans lequel *Phèdre* s'est entièrement égarée, elle passoit subitement & sans la moindre transition aux fureurs de la plus forte douleur, ce seroit, agir contre la nature de l'ame si elle se livroit à la colère; & ce passage pécheroit de plus contre les convenances de sa situation du moment. Il n'en est pas de même de la situation de *Clorinde* dans la tragédie de *Sophronime & Olinte* du baron de Cronegk. L'aveu que *Clorinde* fait de son amour n'a rien de l'enthousiasme & de l'ardente volupté que respirent tous les discours de Phèdre. Le caractère décidé, fier & courageux de cette princesse se maintient par-tout; & si avec son amour elle offre à *Olinte* non-seulement la vie, mais aussi la pourpre & la couronne, c'est moins une marque de foiblesse que la preuve d'une amitié généreuse, de la justice qu'elle rend à son mérite, & du mépris des préjugés. Cependant le poëte lui donne des instans de honte, de confusion & de désordre, avant qu'elle ne se livre à la colère.

« Je ne veux plus rien entendre !
» C'en eſt aſſez ! --- Ciel, lance ta fou-
» dre ! enſevelis ma honte ! je fuis
» mépriſee ! moi ! il me hait ! Eh quoi !
» je fuis dédaignée ! humiliée ! -- Fuis,
» téméraire ! fuis, dis-je ! &c. (1).

Supprimez ce paſſage, & je vous demande s'il n'y aura pas entre les ſentimens une lacune auſſi ſenſible que déſagréable ? Si le jugement de Leſſing ne ſera pas doublement fondé ; c'eſt-à-dire, ſi tout ne ſera pas contradictoire dans le rôle de *Clorinde*, & ſi elle ne paſſera pas ſans ceſſe d'un extrême à l'autre (2) ?

Dans les paſſages que Rémond de Sainte-Albine rapporte de *Zaïre*, il trouve les tranſitions très-difficiles, tandis que c'eſt préciſément le contraire. Il parle de mouvemens qui ſe détruiſent l'un l'autre avec une extrême rapidité; mais en écrivant ceci, il penſoit ſans doute aux deux ſentimens, la haine & l'amour, que le jaloux veut toujours réunir ſans y par-

---

(1) *Sophronime & Olinte, tragédie, Acte III, Scène 3.*
(2) *Dramaturgie* de Leſſing, *T. I, p. 6, ſeq.*

venir jamais. (1) Rémond de Ste-Albine n'a pas réfléchi que ce n'est pas dans ce

---

(1) *Ibidem*, p. 212. L'art de passer adroitement d'un mouvement à l'autre est difficile. Il l'est surtout, lorsque ces mouvemens se détruisent l'un l'autre avec une extrême rapidité, ainsi que dans ces endroits de la tragédie de *Zaïre* :

——— O nuit, nuit effroyable !
Peux-tu prêter ton voile à de pareils forfaits ?
Zaïre ! — l'infidelle ! — après tant de bienfaits !

J'aurois d'un œil serein, d'un front inaltérable,
Contemplé de mon rang la chûte épouvantable.
J'aurois su dans l'horreur de la captivité
Conserver mon courage & ma tranquillité.
Mais me voir à ce point trompé par ce que j'aime !

Hélas ! le crime veille, & son horreur me suit.
A ce coupable excès porter sa hardiesse !
Tu ne connoissois pas mon cœur & ma tendresse ;
Combien je t'adorois ; quels feux ! — Ah ! Corasmin,
Un seul de ses regards auroit fait mon destin.
Je ne pus être heureux, ni souffrir que par elle.
Prens pitié de ma rage ! oui, cours. — Ah ! la cruelle !

Voilà les premiers pleurs qui coulent de mes yeux.
Tu vois mon sort. Tu vois la honte où je me livre.
Mais ces pleurs sont cruels, & la mort va les suivre.
Plains Zaïre ! plains-moi ! l'heure approche. Ces pleurs
Du sang, qui va couler, sont les avant-coureurs.

moment qu'*Orosmane* commence à devenir jaloux ; mais qu'il l'est déja ; il n'a pas songé que la jalousie est dans sa totalité une lutte continuelle, un combat pénible, un état d'indécision & une souffrance accablante, & que les mouvemens de cette passion ne se distinguent que suivant qu'ils penchent plus ou moins vers l'un ou l'autre côté. Tantôt *Orosmane* est un homme offensé emporté par la colère ; tantôt c'est l'amant infortuné dont l'amour trahi s'exhale en plaintes amères. Ce sentiment & le desir de la vengeance dominent alternativement dans son cœur : mais l'amour si près de la colère ne peut se manifester autrement que sous la forme de la douleur ; &, comme on l'a déja remarqué plusieurs fois, la transition réciproque d'un de ces deux sentimens à l'autre est de la plus grande facilité.

LETTRE XLIV.

Jusqu'ici, mon ami, nous avons toujours raisonné sur les sentimens simples, ou qui du moins le sont en apparence : il nous reste encore à examiner une circonstance; savoir, celle où plusieurs affections existent déjà dans l'ame; dont l'une doit prendre le dessus, sans quoi il résulteroit du désordre de toutes une situation entièrement nouvelle. Il est clair qu'on peut appliquer ici les mêmes principes que nous avons fait valoir pour apprécier le changement de sentimens simples ; ainsi vous ne devez vous attendre à cet égard à aucune observation nouvelle & importante. Si l'affection qui doit acquérir de la prépondérance domine déja dans la passion composée, elle n'aura besoin que d'être renforcée un peu pour faire disparoître entièrement l'affection concomitante & déployer toute son énergie ; si elle est plus foible, ou s'il faut que, par une progression lente, elle gagne insensiblement de l'avantage sur l'autre, il y aura encore ici, comme dans tous les changemens subits, une certaine inquiétude, une certaine irréfolution dans l'ame : lorfque cette affection eft à-peu-près de force égale, ce ne fera pareillement que par un développement fucceffif, & par une gradation fenfible, mais qui ne s'opérera pas fans un défordre très-remarquable dans la marche des idées, qu'elle pourra dompter l'affection rivale. La fituation d'*Albert* fert à expliquer le premier cas, lorfqu'après le fignal donné avec fon épée, il oublie foudain tout refpect ; celle d'*Alcefte* éclaircit le fecond, quand avec le retour de la réflexion, fon amour & fon courage fe raniment ; & celle de *Zémire* donne une idée du troifième, lorfqu'elle balance entre deux defirs oppofés, dont l'un la porte vers le tableau magique, tandis que l'autre l'en éloigne. — Toutes les fois que le dernier cas a lieu, de manière qu'une affection entièrement nouvelle réfulte de l'état perplexe de l'ame livrée à deux fentimens oppofés, le défordre fera moindre, à mefure qu'elle fe rapprochera davantage du fentiment dominant ; il deviendra plus grand, lorfqu'elle fe livrera au fentiment foible ; & il montera au plus haut degré de force lorſque ce rapprochement n'exiſtera à l'égard d'aucun des deux ſentimens.

En continuant à diſcuter ainſi tranquillement cette matière, je vous autoriſe peut-être à croire que mon intention eſt de paſſer entièrement ſous ſilence vos obſervations, puiſque je n'en ai pas fait mention dans ma précédente lettre; mais dans le fait, avant que de les apprécier, je voulois ſeulement ſuppléer à ce qui pouvoit encore manquer à mes recherches. Je conviens ſans difficulté que mes réflexions, ainſi que vous l'avez remarqué, ne portent que ſur le général, & que j'ai négligé mille déterminations plus préciſes, & mille différences ſenſibles que j'aurois pu indiquer; mais, à cela près, je ferois fâché de mériter le reproche d'avoir donné à mes règles une univerſalité & une étendue qui ne leur conviennent nullement, en perdant de vue des exceptions réelles, & des modifications eſſentielles de mes principes. --- J'ai lu l'ouvrage que vous m'avez indiqué, & je l'ai trouvé digne de ſon judicieux auteur; il contient la ſolution de la queſtion propoſée; le ſeul doute qui me reſte concerne le point dont il s'agit ici.

« Le passage subit d'un contraire à
» un autre, dit M. Tiedermann (1),
» s'explique très-facilement, lorsqu'il
» s'opère tout-à-coup un changement
» dans les causes déterminantes. La
» colère & le rire (non le rire amer
» du dédain, mais celui de la joie &
» de l'alégresse) s'excluent réciproi-
» quement ; cependant l'homme animé
» de la plus forte colère ne pourra
» s'empêcher d'éclater de rire, du mo-
» ment que son adversaire, ne lui op-
» posant plus de résistance, manifes-
» tera sa crainte ou son infériorité par
» des expressions & par des attitudes
» comiques ; & cela même quand un pa-
» reil motif n'auroit pas suffi pour le
» faire rire dans une autre situation.
» L'idée du contraste qu'il y a entre
» le développement impétueux de ses
» forces & la foible résistance qu'il
» éprouve, l'entraîne d'une manière
» irrésistible au rire ; & ce n'est pas
» insensiblement, mais d'une manière

(1) *Supplémens Hessois concernant la littérature & l'art, vol. 3, n.* 4. Du passage subit de l'ame d'un contraire à un autre.

» subite

» fubite qu'il paffe ainfi d'un contraire
» à un autre ». S'il n'étoit pas queftion
ici de l'homme animé de la plus forte
colère, je ne contefterois ni la juftefle,
ni la vérité de cette obfervation, & je
le ferois d'autant moins que les expreffions & les attitudes de l'adverfaire doivent être comiques ; mais je ne faurois
m'imaginer comment une colère décidée
& violente peut être fuivie tout-à-coup
des éclats du rire de la gaieté. Quel que
foit le point de vue fous lequel j'envifage
cette fituation, il me paroît toujours
que c'eft précifément parce qu'un homme d'honneur s'oublie au point de
s'emporter contre un lâche, qu'il doit
d'abord fe fâcher vivement contre lui-
même ; qu'il doit manifefter fon mé-
contentement intérieur par des paroles
ou par des actions, & que, s'il fe
permet de rire, ce fera néceffairement
avec amertume ; parconféquent il aura
le rire du dédain, & non celui de la joie
ou de la gaieté. Au refte, quand même
l'obfervation de cet auteur feroit vraie,
elle ne paroît pas prouver la chofe dont
il s'agit ici ; favoir, la poffibilité du paffage fubit d'un contraire à un autre.

Tome II. Q

Le véritable contraire de la colère devroit être un sentiment, qui, au lieu d'une marche impétueuse, heurtée, pleine & irrégulière, en auroit une lente, foible, uniforme & continue; & le contraire le plus parfait seroit un sentiment qui réuniroit toutes ces propriétés au suprême degré. Mais ce n'est pas-là le cas du rire, qui indique un sentiment intermédiaire, une espèce d'indécision & une certaine fluctuation de l'ame, qui se rapproche seulement plus des sentimens vifs & gais que des affections indolentes ou impétueuses. L'homme colère, qui de la fureur passeroit subitement à des éclats de rire, ne sauteroit pas pour cela d'un extrême à un autre; il tomberoit seulement dans une fluctuation qui le feroit pencher vers le sentiment contraire, quoiqu'à la vérité avec une certaine rapidité.

« De la même manière, continue
» M. Tiedermann, un amour violent
» se change en haine, lorsqu'on trouve
» l'objet indigne d'être désormais ai-
» mé, & quand une longue jouissance
» n'a pas préparé l'indifférence. La
» force de notre attachement nous fait
» sentir d'autant plus vivement l'indi-

» gnité & la baſſeſſe de l'objet, & nous
» pouſſe à la plus forte haine, en nous
» faiſant paſſer par-deſſus l'indifféren-
» ce. » Il eſt très-vrai que dans ce cas on
franchit l'indifférence ; mais le feroit-il
également qu'on paſsât ſubitement à la
haine ſans être ſaiſi d'une eſpèce d'effroi
ou d'étonnement intermédiaire, ſans
un tumulte marqué de ſentimens confus,
qui, à la vérité, peut ſe terminer par une
haine complettement décidée ; mais qui
ſe changera difficilement tout-à-coup
dans cette affection ? A mon avis, c'eſt ici
encore la faute de la langue trop pauvre
en expreſſions pour déſigner la variété infinie des mouvemens de l'ame ; de ſorte
que l'eſprit le plus pénétrant doit ſouvent
prendre les obſervations qu'il fait pour
toute autre choſe qu'elles ne le ſont réellement. Mais donnons quelques autres
raiſons de ces changemens ſubits, qui
font la rapidité dans la ſucceſſion des ſentimens, & la grande fineſſe de leur
mêlange. L'une, en nous cachant les
affections intermédiaires, nous ſéduit au
point de nous faire confondre *rapidement*
avec *ſubitement* ; l'autre ne nous permet
pas de diſcerner les nuances fines &
délicates dans la ſituation de l'ame qui

doit finir, & dans celle qui doit commencer ; nuances qui se confondent l'une dans l'autre ; elle ne nous permet pas non plus de remarquer que deux sentimens dominans s'associent certains sentimens secondaires secrets, &, pour ainsi dire, muets, certaines lubies cachées, lesquelles, si on les mettoit en ligne de compte, rendroient bientôt raison du saut apparent.

Voyons s'il n'y a pas aussi quelque mal-entendu dans le second reproche que vous me faites. Vous me taxez de ne pas avoir apperçu la différence qu'il y a entre les affections qui sont liées & celles qui sont séparées dans leurs causes (1). Lorsque, dites-vous, l'ame a reçu un sentiment déterminé par un certain objet, & qu'un autre objet qui n'a aucune liaison avec le premier cherche tout-à-coup à en changer le ton par un sentiment d'une espèce différente, c'est-à-dire, un sentiment éloigné, selon ma manière de parler ; il se peut, à la vérité, que la nouveauté du second objet cause une espèce de désordre, de terreur, d'étonnement pas-

─────────────
(1) Voyez à ce sujet Hume & Home aux endroits cités.

fager, durant lequel le nouveau fentiment s'empare peu-à-peu de l'ame ; mais après cette première impreffion, l'ame, à mefure que l'un ou l'autre objet fixe fa penfée, paffe d'un fentiment à un autre fans affection intermédiaire ; tellement que le premier ne nuit pas au fecond, & que chacun, tant qu'il fubfifte, eft parfaitement fimple, fans confufion, & fans une fluctuation prolongée. — Je vous accorde, que la différence entre des affections liées ou féparées dans leurs caufes eft très-importante, & qu'elle ne doit pas moins être prife en confidération lorfqu'il s'agit d'examiner la queftion de la fucceffion des fentimens que celle de leur mêlange ; mais je ne trouve nullement que cette différence circonfcrive la généralité de nos principes, & qu'elle produife une exception réelle ; je le crois, du moins à l'égard de l'exemple que vous m'indiquez, & qui à cette occafion a déja été cité par Home (1). *Shylok* éprouve la douleur la plus amère en fe rappel-

---

(1) *Elements of Criticifm*, T. II, p. 174 & fuiv. — *Le Marchand de Vénife* de Shakefpear. *Acte III, Scène 1*.

lant les bijoux précieux qu'il a perdus par la fuite de sa fille ; il reffent la joie la plus vive en apprennant la cataftrophe d'*Antonio*, fon rival de commerce, dont il peut maintenant fe venger à fon gré. À mefure que *Tubal* fixe l'attention de *Shylok*, tantôt fur l'un, tantôt fur l'autre de ces événemens, ces deux fentimens fi oppofés fe fuccèdent alternativement dans l'ame de ce dernier. La douleur femble prendre la place de la joie, & la joie celle de la douleur, fans aucun fentiment intermédiaire. Je dis, femble; car la douleur, en fuccédant à la joie, ne fe manifefte plus avec la même véhémence que dans fon origine : auffi la joie, lorfqu'elle l'emporte de nouveau fur la douleur, ne peut-elle pas, dès le premier inftant, dérider le front & lui rendre toute fa férénité ; avec une foible lueur elle fourit, pour ainfi dire, à travers un nuage, en laiffant encore quelque chofe de chagrin & de peiné dans la première mine, & peut-être auffi dans le premier ton de la voix de *Shylok*. Mais la circonftance effentielle à obferver ici, c'eft que dans la joie il fe trouve un accessoire qui sert de point pour sa réunion avec la douleur ; c'est cette joie du malheur d'autrui, parconséquent la joie de la haine, de la colère modérée, si voisines de la douleur. Les deux sentimens alternatifs ne sont donc pas simples, quoiqu'ils paroissent l'être ; il n'y en a qu'un qui le soit réellement, & c'est le premier ; l'autre est déja un mouvement incertain & vacillant de l'ame, qui peut aussi bien naître après la premiere affection, que se changer en elle après une existence passagère.

Nous commençons à nous perdre dans des finesses & dans des subtilités qui paroissent s'éloigner de plus en plus de la pratique ; il est donc tems de terminer nos recherches & de mettre fin à notre correspondance, puisque le point que je viens d'éclaircir a été le dernier de mon plan. Si vous trouvez que j'ai fourni peu de chose, rappellez-vous que je n'ai pas promis beaucoup ; que dès le commencement de mes recherches j'ai borné la théorie du geste & de l'action théâtrale aux traits les plus généraux ; & que mon intention a été de donner à ce sujet seulement quel-

Q 4

ques idées éparses, d'indiquer quelques points difficiles, & d'en discuter tout au plus quelques parties isolées. J'ose même me flatter d'avoir fait plus que ma promesse ne m'obligeoit d'exécuter. Au lieu de rassembler seulement quelques matériaux pour l'édifice, & de les laisser bruts tels que je les ai trouvés, j'ai du moins, en les liant en quelque façon entr'eux, élevé un monument assez vaste, quoiqu'imparfait, ouvert de tous les côtés, & menaçant peut-être ruine. Il est très-possible qu'une construction aussi précipitée & aussi incomplette s'écroule d'elle-même, ou que quelque critique destructeur se plaise à la renverser; mais il me restera toujours l'espérance, que par la suite un architecte plus habile & plus riche en fonds trouvera peut-être le site que j'ai choisi non-seulement très-riant, mais aussi très-avantageusement disposé pour augmenter la somme de nos connoissances, ainsi que celle de nos plaisirs; & qu'au même endroit où j'ai construit un frêle édifice à un art que j'aime, il élèvera avec le tems, sur des fondemens solides & profonds, un temple majestueux, dont toutes les parties bien ordonnées seront décorées avec autant de goût que de magnificence.

LETTRE

SUR LA PEINTURE MUSICALE,

Adressée à M. Reichardt, Maître de Chapelle du Roi de Prusse;

PAR M. ENGEL,

De l'Académie Royale des Sciences de Berlin.

TRADUIT DE L'ALLEMAND.

Les recherches sur la peinture musicale dont vous me chargez, mon ami, se réduisent, selon moi, aux quatre points suivans :

1°. Qu'est-ce qu'on entend par peinture musicale ?

2°. Quels sont les moyens par lesquels la musique peut peindre ?

3°. Que peut-elle peindre par ces moyens ?

4°. Que doit-elle chercher à peindre, & que faut-il qu'elle ne peigne pas ?

Pour répondre exactement à ces questions, il faudroit se livrer à des discussions très-fines, & même extrêmement abstraites, que j'éviterai ici, pour me borner à quelques observations théoriques qui me paroissent absolument nécessaires avant que de parler de leur application dans la pratique.

On appelle peindre, lorsqu'on représente un objet, non pas en l'indiquant à l'esprit par des signes de convention, mais en l'offrant à la perception des sens par des signes naturels. Le mot lion ne réveille qu'une simple image dans mon esprit ; la peinture du lion offre réellement à mes yeux la forme visible de cet animal. Le mot rugir a déja quelque chose de pittoresque ; mais l'expression dont Benda s'est servi dans son *Ariane* est la peinture la plus complette du rugissement.

Dans la poésie le mot peindre a encore une autre acception. Le poëte mérite d'autant plus le nom de peintre, que, 1°. il détaille davantage ses représentations, & qu'en les animant par une détermination précise, il les rend plus sensibles au lecteur. La langue ne lui offre, pour la plupart du tems, que des notions générales pour l'esprit, que le lecteur ou l'auditeur doit transformer en images. Le poëte, par une détermination plus exacte de ces notions, vient au secours de l'imagination, & l'engage à exprimer les images avec plus de force & de clarté sous un point de vue donné & moins vague. 2°. Le poëte est peintre, toutes les fois qu'il fait obtenir un parfait accord entre le mécanisme du mètre & du son des mots & le sens des paroles; ou lorsque les lignes dont il se sert pour représenter un objet, offrent dans leur effet sur les sens une ressemblance exacte avec le même objet; ou, pour mieux dire encore, quand ses moyens de convention approchent autant qu'il est possible de la nature.

Le premier sens qu'offre le mot peindre n'est pas fait pour la musique, mais bien le second. Les sons de la musique ne sont pas des lignes de pure convention; car on n'est pas convenu que l'esprit doive y attacher précisément aucune idée quelconque. Ils produisent de l'effet, non par ce qu'ils doivent désigner, mais par eux-mêmes; c'est-à-dire, par leur action immédiate sur le sens de l'ouïe. Le compositeur n'a rien de général à particularifer ; il n'a aucune notion à embellir en l'offrant à l'efprit avec une détermination plus précife, mais il peut par fes fons, comme par des fignes naturels, réveiller des idées d'objets analogues ; il peut nous indiquer ces objets par fes fons, comme le peintre indique les fiens par les couleurs ; & alors il fe trouve dans la pofition du poëte fuivant le fecond fens attaché au mot peinture ; c'eft-à-dire, qu'il doit chercher à rendre fes fons les plus imitatifs qu'il pourra, afin d'y mettre toute l'analogie poffible avec l'objet même qu'il veut peindre.

Cette peinture eft parfaite ou imparfaite : dans le premier cas, tout le phénomène devient fenfible ; & quelques parties ou qualités ifolées le deviennent feulement dans le fecond.

La peinture parfaite ne peut avoir lieu que lorfque l'objet eft par lui-même en état de frapper le fens de l'ouie, comme étant fufceptible de rhythme & de mefure.

Quant à la peinture imparfaite, il fe peut, 1°. que l'objet foit un phénomène qui agit fur différens fens ; comme, par exemple, fur ceux de la vue & de l'ouie ;

alors le compositeur excite dans l'imagination la représentation de l'ensemble, en imitant ce qui frappe l'ouie : c'est ainsi qu'il peint une bataille, une tempête, un ouragan.

2°. Il est possible, à la vérité, que l'objet n'ait aucune action sur le sens de l'ouie ; mais qu'il puisse s'assimiler aux sons par certaines qualités générales, qui, dans ce cas, aideront l'imagination à passer facilement des unes aux autres.

Il subsiste des ressemblances non-seulement entre les objets d'un même sens, mais aussi entre ceux de différens sens. Par exemple, la lenteur & la célérité se trouvent aussi-bien dans une succession de sons, que dans une suite d'impressions visibles. J'appellerai toutes ces ressemblances *transcendantes*.

Le compositeur doit donc s'attacher à ces ressemblances transcendantes ; il faut de plus qu'il cherche à peindre, au moins imparfaitement, par une suite de sons accélérés, la course rapide d'une Atalante, que la pantomime seule peut rendre complettement. S'il a le talent d'y ajouter l'imitation d'une respiration haletante, il représentera auſſi la partie du phénomène qui eſt ſenſible à l'ouie, & il aura doublement peint.

De cette manière le champ de la peinture muſicale s'agrandit beaucoup. Nombre d'objets des autres ſens, ſurtout de la vue, ſi fertile en impreſſions extérieures, deviennent par leurs reſſemblances tranſcendantes avec les ſons du reſſort de l'imitation muſicale.

Ceci explique, au moins en partie, pourquoi l'imitation muſicale eſt, en général, ſi indéterminée, & pourquoi il eſt ſi difficile de comprendre le muſicien-peintre ſans le ſecours des paroles. L'imitation eſt preſque toujours imparfaite; elle ne rend que des parties iſolées ou des qualités générales, ſoit qu'il s'agiſſe de peindre un ſentiment intérieur, ou un objet dont l'action agit ſur les ſens. Le ſentiment ne peut également ſe peindre que d'une manière vague & générale; on ne parvient à l'exprimer d'une manière individuelle que par la repréſentation déterminée de l'objet qui le fait naître. J'en parlerai plus particulièrement ci-après.

Il ſeroit auſſi ſuperflu qu'il paroît

impoſſible de rapporter toutes les reſſemblances tranſcendantes dont l'imitation muſicale peut ſe ſervir. La nature échappe ici aux recherches les plus ſubtiles ; cependant ceux qui ſe ſont occupés de l'origine des langues, & entr'autres une célébre ſecte d'anciens philoſophes, ont fourni beaucoup d'idées qui peuvent ſervir à la théorie dont il eſt queſtion.

Ces mêmes anciens philoſophes me rappellent encore un moyen très-puiſſant pour notre peinture imparfaite ; c'eſt-à-dire, que le compoſiteur peint, 3°. lorſqu'il n'imite ni une partie, ni une qualité de l'objet, mais l'impreſſion que cet objet a coutume de produire ſur notre ame. La peinture muſicale agrandit le plus ſa ſphère par ce moyen ; car à préſent elle n'a plus beſoin de ces reſſemblances que j'appelle tranſcendantes. Elle peut même peindre la couleur, à cauſe que l'impreſſion d'une couleur tendre ſur l'ame a beaucoup d'analogie avec celle d'un ſon doux & agréable.

Pour ſentir la poſſibilité de peindre ces impreſſions, ainſi que tous les ſentimens

timens de l'ame, pour connoître pourquoi cette peinture convient le mieux à la musique, & pourquoi enfin on y trouve cependant presque toujours quelque chose d'imparfait, il faut répondre à la seconde question que j'ai établie au commencement de cet écrit ; savoir, quels sont les moyens par lesquels la musique peut peindre ?

Je communiquerai ici toutes les connoissances que j'ai été à portée de recueillir à cet égard. Les maîtres de l'art rectifieront mes idées si elles sont fausses, ou suppléeront à ce qui pourra y manquer. Les moyens que peut employer la peinture musicale sont donc, à mon avis,

1°. Le choix du mode. Nous avons le mode majeur & le mode mineur.

2°. Le choix du ton, dans lequel le morceau doit être composé. Chacun des douze modes majeurs & mineurs est distingué des autres par des intervalles qui lui sont propres, & qui lui donnent un caractère particulier. L'*ut* & le *la* dièse majeurs s'éloignent le plus par leurs caractères, à cause de la grande différence qu'il y a entre la progression de leurs sons ; & un morceau de musique instrumentale en *ut* majeur transporté en *la* dièfe majeur, deviendroit certainement méconnoiffable. La même obfervation a lieu pour les modes mineurs.

3°. La mélodie. Il eft très-important de déterminer fi le chant doit fe développer d'une manière lente, uniforme & grave, ou inégale & précipitée; s'il faut que les rapports dans les modulations foient plus ou moins rapprochés, & ordonnés avec clarté ou avec une irrégularité apparente; fi le chant doit être rendu par des notes foutenues ou variées, avec des ornemens fimples ou compofés & riches, &c. Je doute qu'on puiffe indiquer à cet égard tout ce qui mérite de fixer l'attention du compofiteur.

4°. Le mouvement. Il s'agit ici des mouvemens égaux ou inégaux, lents ou preffés; de la marche uniforme, grave, précipitée ou variée alternativement dans les différentes parties, & fouvent auffi du contrafte à obferver dans les morceaux à plufieurs deffins.

5°. Le rhythme. Les périodes & leurs phrafes font longues ou courtes, égales en mefure ou inégales.

6°. L'harmonie, ou l'art d'ordonner les fons pour en former des accords.

Ici il faut obferver la manière d'obtenir des rapports fimples ou variés, faciles ou compliqués; la progreffion de ces rapports par des tranfitions dont le nombre ne peut fe calculer; la lenteur ou la rapidité des tranfitions; la plénitude ou la fécherefle, la clarté ou l'obfcurité, la pureté de l'harmonie ou fon défordre, qui fouvent n'eft qu'apparent.

7°. Le choix des voix. Différens effets de l'emploi des voix aigues, moyennes ou graves, & de leur réunion adroitement ménagée.

8°. Le choix des inftrumens. Chaque inftrument a un caractère & une qualité de fons qui lui font propres; on doit donc les employer avec difcernement.

9°. Le forté & le piano avec les différens genres de nuances que le muficien habile y peut mettre.

Les obfervations fuivantes expliqueront peut-être, comment avec ces moyens le compofiteur peut peindre les affections & les mouvemens de l'ame.

1°. Toutes les affections de l'ame font intimement liés à de certains mouvemens relatifs, qui, s'opérant dans le système nerveux, les entretiennent & les fortifient. Et ces mouvemens ont non-seulement lieu dans le système nerveux lorsque les affections analogues de l'ame les excitent ; mais elles existent également lorsque l'impression correspondante est produite sur les sens. L'action est réciproque, & la même route qui va de l'ame au corps, reconduit du corps à l'ame. Rien n'ébranle si fortement les nerfs que les sons, & la nature s'en sert principalement pour produire cette sympathie qui existe entre les animaux d'une même espèce. Le cri plaintif de l'animal souffrant produit dans le nerf de celui qui ne souffre pas un ébranlement semblable, qui réveille dans son ame une affection pareille, qu'on nomme pitié. La même observation s'applique à la joie qu'on partage avec un autre.

2°. Chaque espèce d'affections se distingue par la richesse & l'abondance des idées qui s'y réunissent ; par le plus ou le moins de diversité entr'elles ; par leurs rapports plus ou moins éloignés, qui en rendent la perception ou l'examen facile ou difficile ; par une succession lente ou rapide des idées ; par les intervales plus ou moins grands des idées intermédiaires; par l'uniformité, la célérité ou l'irrégularité dans cette succession, &c.

Par exemple, les idées sublimes sont d'une perception plus difficile, parce que leur développement est lent; les idées agréables sont aisées à saisir, à cause que leur marche est vive & animée, mais sans de grands écarts; l'animosité & la terreur s'efforcent à pénétrer subitement à travers une foule d'idées incohérentes, mais avec des interruptions marquées; la mélancolie, au contraire, parcourt lentement & avec une espèce de complaisance une suite d'idées presqu'uniformes & très-liées entr'elles.

Ces observations servent à expliquer :

1°. Comment la musique peut peindre & imiter les mouvemens de l'ame. Elle choisit des sons dont l'action sur les nerfs est conforme à l'impression d'un sentiment donné; l'instrument qu'elle emploie, le son grave, aigu ou doux, le mouvement & le mode, tout doit concourir au même but. Si avec une sensibilité ordinaire on ne peut se défendre d'une douce mélancolie en entendant les sons plaintifs de l'harmonica de Francklin; les timbales & la trompette réveilleront dans l'ame de l'auditeur l'idée d'une fête noble & majeftueufe, ou du courage des guerriers. La joie s'exprime par les fons aigus; les fentimens doux & tendres par les fons moyens; & les fons graves conviennent aux fituations triftes, terribles & lugubres. Dans ce vers: *Sacri orrori, ombre felici!* Haffe, après avoir fait defcendre le chant dans les trois premiers mots, ne l'élève que dans le dernier.

Mais la mufique peindra les fentimens de l'ame avec plus de fuccès encore, fi, par un choix heureux & fage du mode, de la mélodie, de l'harmonie, du mouvement, du travail des inftrumens, elle parvient à renforcer, au moyen des analogies dont j'ai parlé plus haut, les ébranlement relatifs du fyftême nerveux, dans leur fucceffion naturelle. Une harmonie plus ou moins riche, facile ou compliquée; la marche de la mélodie dans des rapports plus ou moins déterminés; la lenteur, la rapidité, l'uniformité ou le défordre apparent du mouvement, font autant de moyens que la mufique emploie alors avec fuccès.

2°. Ceci nous explique pourquoi la

peinture des affections de l'ame réuffit le mieux en mufique; car ici tous fes moyens font réunis, concentrés & dirigés vers le même but. Il n'en eft pas de même lorfqu'il s'agit de peindre les objets qui font naître ces affections. La mufique ne peut indiquer ces objets que par des reffemblances foibles, ifolées & éloignées; tandis qu'une foule de reffemblances plus déterminées lui fervent à peindre les affections.

3°. Malgré cela, on trouvera également la raifon pourquoi cette même peinture des affections doit être imparfaite. J'ai obfervé plus haut, que le fentiment ne peut être indiqué d'une manière individuelle, à moins d'une exacte repréfentation de l'objet qui le produit; mais en cela les moyens de la mufique font infuffifans. Par leur réunion elle ne peut indiquer les affections que d'une manière générale; toutes les idées individuelles, qui tiennent uniquement à l'objet même, apperçu & examiné fous tous ces rapports, ne pouvant être rendues, parce que la mufique ne fauroit indiquer ces qualités & ces rapports particuliers.

D'après ces deux dernières observations, qui me paroissent justes & convaincantes, on peut établir les règles que voici :

I. Le musicien doit plutôt peindre les affections de l'ame que les objets qui les produisent ; il doit s'attacher à la peinture de l'état où l'ame, & avec elle le corps, se trouvent en examinant une chose ou un événement, plutôt que cette chose & cet événement même ; car chaque art ne doit exécuter que ce que ses moyens lui permettent. Au lieu de peindre une tempête, il faudroit que le musicien s'attachât plutôt à la peinture des mouvemens que l'ame éprouve pendant ce grand spectacle de la nature, parce qu'il y réussira plus facilement ; quoique ce phénomène, par ses effets sur le sens de l'ouie, puisse, en quelque façon, être imité en musique. Par cette raison, la tempête dans *La Chasse* de Hiller est infiniment préférable à celle de Philidor.

Une autre preuve sert, à mon avis, à établir la justesse de cette règle. La musique étant uniquement faite pour remuer la sensibilité, & ce but étant le seul des efforts qu'elle doit faire, il arrivera toujours que le compositeur, en voulant peindre un sujet, excitera des sentimens que l'ame se plaira à entretenir; mais lorsque la chose ou l'événement sera l'objet de son imitation, alors l'ame sera forcée de passer rapidement d'un sentiment à un autre, & toute la filiation de ses idées se trouvera interrompue.

La seconde règle est, que le compositeur ne doit pas peindre une suite de sentimens qui dépendent d'une série d'événemens ou de réflexions, & dont la succession est incompréhensible ou contradictoire ; à moins que la pensée n'embrasse également la série de leurs causes. Je vais m'expliquer plus clairement. Supposons qu'un récitatif de Hasse, avec le plus riche accompagnement, ou plutôt un duodrame de Benda soit exécuté par l'orchestre seul sans les paroles ; les morceaux écrits avec le goût le plus pur paroîtront les productions d'un malade en délire. La raison en est, sans doute, parce qu'on aura ôté de l'ensemble la série des idées ou des événemens nécessaires pour expliquer la suite des sentimens qui en dépendent. La même chose n'arrivera-t-elle pas, si un compositeur, comme plusieurs l'ont déja essayé, cherche à placer dans l'ouverture d'un opéra toute la suite des sentimens qu'il se propose de développer dans le cours de la pièce (1)? D'après

---

(1) L'auteur a raison, lorsqu'un compositeur cherche à entasser dans l'ouverture d'un opéra la peinture des sentimens qui doivent affecter les personnages dans les cours de la pièce, & plus encore lorsqu'il y place au hasard des traits de chant, qui reviennent ensuite dans les situations intéressantes. Une pareille ouverture, à moins d'être excessivement longue, n'offrira que des phrases morcellées & disparates, dont la réunion, peut-être impossible, ne produira jamais un bel ensemble. Mais je suppose que l'auteur ne prétend pas proscrire ces ouvertures, par lesquelles le compositeur cherche à préparer le spectateur aux sentimens dont il doit être affecté. Par un heureux choix du mode, du ton, du mouvement & du rhythme, une ouverture peut annoncer le sujet d'un opéra, ainsi que l'orateur sacré ou profane annonce par l'exorde le sujet qu'il se propose de traiter dans son discours. Des ouvertures conçues d'après ces principes & liées au sujet, seront toujours préférables à ces symphonies insignifiantes, qu'on peut exécuter indifféremment au concert ou au spectacle; mais qui là, bien loin d'intéresser le spectateur, le fatiguent souvent par un luxe musical mal entendu. Pour appuyer mon assertion, il suffira de citer les ouvertures des deux Iphigénies & de l'Alceste du chevalier Gluck : leur effet constant au théâtre & le jugement que tous les connoisseurs en ont porté, me dispensent de toute autre preuve à cet égard. *Note du Traducteur.*

cette observation, les ouvertures du *Déserteur* & de *la Belle Arsène* de Monsigny, si admirées par beaucoup de personnes, m'ont toujours paru déplacées.

Une symphonie, une sonate & chaque morceau de musique qui n'est soutenu ni par les paroles, ni par la pantomime, pour ne pas être seulement un bruit harmonieux ou une suite de sons agréables, doit présenter le développement d'une passion, & offrir une succession de sentimens, tels qu'ils naissent sans effort dans une ame abandonnée à elle-même, tranquille, & libre de toute impression étrangère. S'il m'étoit permis de présupposer ici une théorie de différentes filiations des idées & de leurs lois, dont personne n'a encore parlé, à ce que je crois, je dirois que les idées ne doivent se suivre que d'une manière lyrique.

Je passe au principal objet de votre demande, c'est-à-dire, aux règles à établir pour la composition du chant. Il faut ici distinguer le chant de l'accompagnement. Quant à cette partie de l'art musical, tout ce que j'en ai à dire ici se réduit à la différence qui exifte entre l'expreffion & la peinture muficale, qu'on a obfervée depuis longtems, mais qu'on n'a peut-être jamais bien développée.

Une fimple idée fans aucun rapport à nos befoins, la froide image d'une chofe, telle qu'elle eft, fans l'indication fi elle eft bonne ou mauvaife, & fi elle peut favorifer ou contrarier nos inclinations, n'eft pas une penfée digne d'intéreffer les beaux-arts. Un poëte délicat & vraiment infpiré n'en offrira jamais de pareilles au muficien. On doit donc diftinguer deux chofes dans chaque penfée poétique : la repréfentation de l'objet, & l'idée de fon rapport à nos befoins ; c'eft-à-dire, autant que cet objet excite l'eftime ou le mépris, l'amour ou la haine, la colère, la crainte, la joie, le defir ou la terreur.

En un mot, dans une pareille penfée il faut diftinguer deux chofes, que je défignerai ici par l'*objectif* & le *fubjectif*.

Afin de prévenir toute confufion dans les idées, & toute fauffe interprétation, j'avertis que ce qui étoit originairement fubjectif peut devenir objectif. La repréfentation d'un fentiment, foit qu'il appartienne à nous-mêmes ou à un autre, peut être la cause d'un nouveau sentiment, souvent différent ou même tout-à-fait opposé. La joie d'un autre peut exciter ma colère ; je puis m'attrister en découvrant en moi un secret attachement à quelque chose que désapprouve ma raison. Dans ces cas, la joie & l'attachement sont l'objectif, & la colère & la tristesse le subjectif.

La représentation de l'objectif s'appelle peindre dans la musique vocale ; rendre le subjectif n'est plus *peinture*, mais *expression*.

Au fond l'une & l'autre semblent se confondre dans la définition que nous avons donnée plus haut de la peinture musicale. L'expression pourroit s'appeller la peinture du subjectif ou du sentiment. Cependant je ne voudrois pas me servir de ce mot, parceque le sentiment n'est pas toujours le subjectif, c'est-à-dire, l'affection actuellement dominante de l'ame. J'ai dit plus haut que le subjectif peut devenir objectif ; j'avancerai donc également que l'expression peut devenir peinture : savoir, lorsqu'un sentiment en fait naître un autre. Le compositeur peint alors en exprimant ce premier sentiment; & il peint de même, & n'exprime pas, toutes les fois qu'il s'attache au subjectif, quand l'objet a coutume de produire tel ou tel sentiment, ou lorsque, dans un cas donné, ce même objet produit un sentiment différent ou opposé.

Je me flatte que ces réflexions déterminent & expliquent suffisamment la règle répétée si souvent : que le compositeur dans la musique vocale doit exprimer & non pas peindre.

Cette règle n'a pas besoin de preuves; car, 1°. si l'objectif n'est pas par lui-même subjectif; c'est-à-dire, une chose étrangère, alors conformément aux observations dont il a été question plus haut, le compositeur qui préféreroit la peinture à l'expression, s'attacheroit précisément à rendre l'effet que les moyens ne peuvent atteindre. Et quand même l'objectif seroit originairement subjectif, il seroit ridicule de vouloir peindre de préférence un sentiment secondaire, & de négliger celui qui domine, & qui s'est emparé de toutes les facultés de l'ame.

2°. Que doit être le chant, si ce

n'eſt la déclamation la plus animée, la plus vraie & la plus paſſionnée? Mais dans la paſſion que cherche l'homme en élevant la voix, qu'eſt-ce qui l'intéreſſe le plus ? Certainement ce n'eſt pas de faire connoître la nature & les qualités de l'objet qui excite ſa paſſion, mais de ſuivre les élans que lui inſpire cette même paſſion, de la communiquer en la répandant ſur tout ce qui l'entoure. Le ton de ſa voix, le jeu des muſcles de ſon viſage; en un mot, tous les geſtes & toutes les attitudes de ſon corps annoncent la paſſion dont il eſt agité.

Ainſi l'expreſſion ſeule remplit le but du chant, tandis que la peinture le détruit.

Mais, dira-t-on peut-être, la peinture & l'expreſſion ne peuvent-elles pas ſe confondre quelquefois enſemble ; c'eſt-à-dire, la peinture de l'objectif ne peut-elle pas devenir l'expreſſion du ſubjectif ; & même l'expreſſion de celui-ci ne peut-elle pas ſouvent avoir lieu ſans la peinture de l'autre ?

En effet, cela arrive ſi ſouvent que je ferois tenté d'établir la règle : *Dans la muſique vocale le compoſiteur ne doit pas peindre, mais exprimer*, de la manière suivante : *Dans la musique vocale le compositeur doit se garder de peindre contre l'expression* ; car il ne fait pas une faute en peignant ; il le peut & le doit ; mais il péche en se trompant dans l'objet qu'il falloit peindre, & dans la situation où la peinture devoit être placée.

Cette connoissance est fondée sur une différence dans nos affections, qui peut-être n'a pas été assez remarquée. Je ne saurois l'indiquer plus clairement, qu'en disant, que dans une espèce de sentimens le subjectif se transforme & se perd dans l'objectif ; que la passion n'est satisfaite que lorsque l'objectif est embrassé autant qu'il est possible en tous sens ; que dans la seconde espèce d'affections le subjectif & l'objectif sont opposés entr'eux ; & qu'il suffit à la passion que l'ame soit mise dans un état entièrement opposé à la nature de l'objet. Comme cette différence donne une autre classification des affections que celle qu'on en a faite jusqu'à présent, je risquerai une nouvelle dénomination, afin de m'exprimer avec plus de concision : j'appellerai donc la première espèce *sentimens*

timens homogènes, & la seconde, *sentimens hétérogènes*.

Des exemples expliqueront mes idées. L'admiration d'un objet grand & élevé est un sentiment homogène. Le sujet qui admire cherche à s'élever jusqu'à la nature & aux qualités de l'objet admiré. Home dit : « Lorsque l'esprit est
» occupé de grands objets, la voix de-
» vient pleine & la poitrine se dilate.
» Des pensées sublimes font renforcer la
» voix, la tête & les bras s'élèvent.
» Le sujet cherche par toutes sortes de
» moyens à imiter l'objet ».

Il en est autrement de l'adoration & du respect. Ici le sujet se met en opposition avec l'objet. Le sentiment de sa foiblesse, de son abaissement, de sa petitesse, de ses imperfections, lui fait incliner la tête ; la voix baisse & les bras tombent.

Les mêmes effets ont lieu relativement à la crainte. La force, la grandeur qu'on remarque dans l'objet, sont dirigés vers le sujet : plus l'un est puissant & élevé, plus l'autre sent sa foiblesse & rentre dans le néant ; parconséquent, plus la peinture de cet objet sera majestueuse & parfaite, &

Tome II. S

plus l'expreſſion ſera petite, foible & rampante.

De-là on peut déduire cette règle : que dans les ſentimens homogènes la peinture produit l'expreſſion, tandis que dans les ſentimens hétérogènes elle la détruit.

Mais pourquoi le compoſiteur ne devroit-il pas ſe livrer à la fougue de ſon imagination, même lorſqu'il lui eſt permis de peindre ? Je rapporterai ici, ſans en produire d'exemples, les précautions qu'on doit obſerver en ſuivant la règle que je viens d'établir ; car je me flatte que la preuve en eſt déja donnée dans ce qui précède.

1º. Un objet qu'on veut peindre peut avoir pluſieurs attributs dont la muſique peut s'emparer ; le compoſiteur doit être attentif à ne choiſir que ceux qui entrent dans la ſérie des idées dont l'ame s'occupe. Par exemple, ſuivant une liaiſon donnée dans les penſées, l'idée de la mer ne peut laiſſer appercevoir que ſa profondeur, ſon étendue & ſes périls ; ce ſeroit une faute manifeſte contre l'expreſſion, ſi, dans ce cas, on vouloit peindre la douce agitation des flots. Si ma mémoire n'eſt pas infidelle, je crois que Haſſe, dans ſon air de Sainte

Hélène, est tombé dans cette faute. La tenue que dans ces vers :

» *Questo è il suol, per cui passai*
» *Tanti regni e tanto mar.*

il a donnée à ce dernier mot, exprime, suivant la méthode italienne, une douce ondulation, à laquelle il étoit impossible que son personnage pensât. En général, dans ce passage il ne falloit nullement peindre cette idée. Il est incroyable combien de fois la routine pitoyable des Italiens a fait manquer l'expression à nos plus habiles compositeurs.

2°. Si l'idée n'a qu'un seul attribut propre à la peinture musicale, qui ne mérite aucune attention dans la série donnée des sentimens, le compositeur doit éviter toute imitation & se borner uniquement à la déclamation simple.

3°. Dans la série des idées il doit examiner l'importance de chacune, & déterminer le tems & le degré d'intérêt avec lesquels l'ame peut s'en occuper; afin de savoir jusqu'où il peut la peindre, si le cas se présente où la peinture devient expreffion. Si au lieu de l'idée principale qui fixe l'ame entière, & dans laquelle fe réuniffent toutes les idées fecondaires, il s'attache à peindre de préférence une de celles-ci, alors il péche auffi lourdement que s'il plaçoit un faux accent. Bien plus, comme une peinture muficale ne paffe pas avec la même rapidité qu'un feul fon, cette faute devient encore plus défagréable par fa durée.

4°. La plus grande faute contre l'expreffion feroit, fi le compofiteur au lieu de peindre l'idée ne peignoit que le mot ; s'il cherchoit à exprimer une idée détruite par le fens des paroles ; s'il s'attachoit uniquement à l'image, à la métaphore, fans s'occuper de la chofe. Mais de pareils avertiffemens font fuperflus fans doute ; car tout eft perdu pour ceux qui peuvent fe tromper auffi groffièrement.

J'ajoute encore quelques réflexions pour répondre d'avance aux objections que vous pourriez me faire.

D'abord, il peut arriver que dans des fentimens hétérogènes la peinture devienne accidentellement l'expreffion ; comme, par exemple, dans l'objet de la vénération, foit, par l'humilité, la douceur, ou la foumiſſion d'un faint; ou dans l'objet de la crainte, foit par le danger qui accompagne l'obfcurité, ou par un bruit fourd, éloigné & continuel; alors le compofiteur ne pourra choifir d'autre expreſſion que celle qui peint également l'objet.

2°. Il fe peut que la peinture d'une circonftance fecondaire qui ne devroit pas être confidérée dans la férie des idées, foit favorable à l'expreſſion, ou du moins ne la détruife pas. Dans l'air de l'oratorio déja cité:

> *Del calvario già forger le cime*
> *Veggo altere di tempio fublime*
> *E i' gran duci del rè delle sfere*
> *Pellegrini la tomba adorar.*

Haſſe a employé une pareille peinture dont au moins mon goût n'a pas été bleſſé. Il peint l'arrivée de ces grands chefs par une phrafe de marche brillante & majeftueufe, à mon avis très-convenable au fentiment fublime & joyeux qui doit dominer dans l'enfemble de l'air. Dans tous les arts le génie fe permet de pareils écarts apparens des règles ordinaires, & les critiques feroient mal de les reprendre. Mais on auroit également tort de permettre qu'un homme de génie blessât toutes les règles. Plus il aura de génie, & plus il sera fidelle aux règles reçues; il s'écartera seulement de celles qui seront vagues & indéterminées. En effet, on observe dans tous les arts ce rapport entre leurs théories & leurs productions, que la théorie sert moins à perfectionner les ouvrages, que ceux-ci ne servent à déterminer la théorie.

Ce qui me reste à dire de l'accompagnement des instrumens se réduit à observer que le compositeur est infiniment plus libre de peindre en cette partie, que dans celle du chant. Aussi les plus grands maîtres ont-ils cherché dans les accompagnemens des airs, & surtout des récitatifs, à prolonger non-seulement l'expression du sentiment, mais à la fortifier par la peinture de l'objet qui le produit.

Dans l'air d'un oratorio allemand, Graun a placé dans l'accompagnement une peinture magnifique de l'arrivée du juge terrible de la vallée de Josaphat. Ce n'est pas-là une faute; mais c'en est une, d'avoir placé aussi cette peinture dans la partie du chant.

Au reste, la peinture musicale doit se borner à rendre par les accompagnemens les attributs les plus essentiels de l'objet qui agissent sur l'ame, & elle ne doit pas contrarier l'expression au point de détruire le sentiment plutôt que de le fortifier. Cela arriveroit, si, par exemple, une série d'idées sérieuses étoit interrompue par une peinture comique. Un compositeur moderne ou plutôt devenu célébre depuis peu de tems, & d'ailleurs très-habile, a souvent péché en cela. Lorsque dans une pièce d'un style élevé & sérieux, on entend rendre les battemens du cœur par un accompagnement en *pizzicato*, ou le sifflement des serpens imité par les violons, il en résulte le plus mauvais effet du monde.

Les règles que je viens de tirer de ces réflexions pourroient s'appliquer à la déclamation & à la pantomime, si une pareille discussion n'étoit pas déplacée dans cette lettre (1); car elles

---

(1) L'auteur a développé ces idées dans l'ouvrage sur cette matière dont la traduction précède cette lettre. *Note du Traducteur.*

peuvent servir à tous les arts d'imitation où il s'agit de mettre de l'énergie. Cependant cette application se fera faciment du moment qu'on aura la moindre idée de ces arts, & des moyens qu'ils peuvent employer.

Fin du second Volume.

TABLE
DES MATIERES.
TOME PREMIER.

Préface du Traducteur.
Lettre *I*. Introduction. Jugement de Lessing sur l'ouvrage de Rémond de Sainte-Albine, intitulé : *Le Comédien*. Son projet d'un ouvrage sur l'éloquence du geste. Quelques traits caractéristiques qui le distinguent comme auteur. page 1

Lettre *II*. Utilité d'une théorie de l'Art du Geste & de l'Action théâtrale. Insuffisance de la sensibilité seule. Réfutation de l'objection : que tout ce qui est fait d'après des règles doit être peiné & froid. Mérite particulier de la théorie de l'Art du Geste & de l'Action Théâtrale. 12

Lettre *III*. Possibilité d'une théorie de l'Art du Geste & de l'Action Théâtrale. On peut embrasser toutes les espèces de sentimens à exprimer, quoiqu'on ne puisse pas en saisir les objets. Diversité d'expressions relativement aux différens peuples, aux différens états de la société, &c. p. 20

Lettre IV. Caractère général propre à toutes ces différentes espèces d'expressions. La théorie de l'Art du Geste & de l'Action Théâtrale doit s'y borner. 27

Lettre V. Distinction à observer entre les modifications du corps purement mécaniques, & celles qui dépendent de l'action de l'ame. Règles pour les premières. Division des dernières en celles qui ont un sens plus général & plus indéterminé, & en d'autres dont le sens est fixé d'une manière plus particulière. Règles pour celles de la première division. 37

Lettre VI. De l'idée qu'on attache au mot Geste. Division préliminaire des Gestes en pittoresques & en expressifs. Parties du corps qui servent au Geste. Difficulté de décrire les Gestes, à cause de la pauvreté des langues.
49

Lettre VII. Deux points de vue sous lesquels on peut envisager le jeu du

Geste, c'est-à-dire, Vérité & Beauté. Les recherches contenues dans cette lettre se bornent à la Vérité. p. 62

Lettre VIII. Explication des mots : Peinture & Expression. Qu'est-ce qu'on peut peindre par le Geste. La cause du Geste pittoresque est, ou la vivacité de la représentation qu'on s'en forme, ou le desir de la réveiller en autrui. De l'emploi fréquent du jeu figuré ou métaphorique. 68

Lettre IX. Division des Gestes expressifs en motivés ou faits à dessein, analogues & physiologiques. Sous-division de ces derniers en ceux qui peuvent être imités à volonté, & ceux qu'on ne peut pas imiter. Unique moyen de produire ces derniers. 83

Lettre X. Expression de l'inaction & du repos. Différences de cette expression & leurs causes. Remarque préliminaire sur le passage insensible du repos à l'action. 93

Lettre XI. Expression des opérations de l'esprit. De ce qui est analogue dans cette expression, & de ce qui y est figuré. 105

Lettre XII. Expression des affections

du cœur. Leur division en desirs & en affections intuitives. Remarque qui sert à prouver que l'esprit a aussi des affections des deux genres. Du rire, de l'admiration & de l'étonnement. page 119

Lettre XIII. Expressions des affections du cœur, & en premier lieu des desirs. Division en desir de jouissance, de conservation & de préservation du mal. Différentes modifications de ces desirs. 131

Lettre XIV. Caractère commun à tous les desirs dirigés au dehors. La position oblique du corps, la ligne verticale, la modification suivant les différens rapports qui subsistent entre l'objet du desir & la personne qui le desire. 140

Lettre XV. Jeu du desir de jouissance. Observation sur la synergie des forces qui se trouve ici. Expressions figurées. Propriétés du jeu des desirs dirigés par les sentimens d'un être libre. 150

Lettre XVI. Jeu du desir de notre conservation. Il se réunit presque toujours au desir de connoître & d'écarter le mal. Jusqu'à quel degré la synergie des forces a lieu ici. Jeu figuré & motivé. page 161

Lettre XVII. Jeu de la colère. Sa laideur repoussante. Remarque sur un passage de Plutarque. 176

Lettre XVIII. Difficulté de classer les expressions. La colère s'attache à des objets étrangers & innocens. Phénomènes semblables qui accompagnent le desir de conservation & de jouissance. 185

Lettre XIX. Transition aux affections intuitives. Différence entre la manière dont le philosophe & le comédien envisagent les choses. Restriction qui en dérive relativement aux recherches qui restent à faire. 196

Lettre XX. Expression des affections intuitives agréables. Geste de la joie; actions qu'elle se permet. Différentes expressions de la satisfaction personnelle; de la sympathie morale. 207

Lettre XXI. Expression de la vénération, de l'amour. Remarque sur les modifications que ces affections empruntent de leur objet. 221

Lettre XXII. Expression des affections intuitives désagréables. De celles dont la cause est un jugement défavorable. Expression du mépris, de la honte. page 235

Lettre XXIII. Expression des affections dont l'objet est un mal réel. Division de ces affections en celles qui se rapportent à la cause, & en celles qui tiennent au sentiment du mal. Expression de la crainte, de la mauvaise humeur, du chagrin. Expression de la mélancolie, de la douleur. Nouveau coup-d'œil sur les attaques qu'on fait sur soi-même dans la colère. 245

Lettre XXIV. Règle de l'expression complette. 263

Lettre XXV. Des expressions composées de sentimens. Il y a des sentimens qui, d'après leurs noms, paroissent mixtes, & qui cependant ne le sont pas réellement. Règle générale pour les expressions de ce genre. Exemples. 273

Lettre XXVI. Suite des exemples de la précédente Lettre. Le langage du geste est indéterminé & équivoque. Y a-t-il des synonymes dans ce langage ? Exemples de quelques nuances très-fines. Du défaut de vouloir varier les expressions dans les diffé-

rentes représentations de la même pièce de théâtre. page 289
Lettre XXVII. Le mérite du comédien comparé à celui du deſſinateur. Quand la peinture eſt-elle permiſe ou défendue dans le jeu du geſte ? Explication d'un paſſage mal entendu de Macrobe. Règle de la manière que Quintilien l'a ſentie, & détermination plus préciſe de cette règle. Exemples de quelques peintures fauſſes.
310

TOME SECOND.

Lettre XXVIII. Cas où la peinture eſt un jeu exact. De la réunion des geſtes pittoreſques & expreſſifs. Cas où leur réunion parfaite eſt poſſible, & cas où elle ne l'eſt point. Peintures complettement ridicules. p. 1
Lettre XXIX. Extenſion de cette règle à la pantomime. De quelle manière on y peut éviter toutes les peintures nuiſibles à l'expreſſion, même lorſque l'action en forme le ſujet. Sujets que les anciens ont

choisis pour leurs pantomimes. Remarque sur un passage de Lucien.
p. 15

Lettre XXX. Idéal d'une pantomime d'après M. Noverre. Quels sujets cet auteur veut qu'on traite & qui peuvent se passer de toute peinture fausse. Impossibilité de comprendre les représentations pantomimes des actions qui ne sont pas connues d'avance, ou par les penchans généraux de la nature humaine, ou par les événemens journaliers de la vie. Précaution à prendre en traitant des sujets connus. Exemples de peintures inintelligibles & dépourvues de goût. 30

Lettre XXXI. Difficultés qui s'opposent à la découverte d'un langage pantomime proprement dit. 43

Lettre XXXII. Quelques nouvelles remarques sur les danseurs pantomimes des anciens. L'art du geste considéré comme musique. Etendue qu'eut dans son sens primitif le mot musique chez les anciens. Remarque pour prouver que tous les arts musicaux sont fondés sur les mêmes principes & sur les mêmes règles. 54

Lettre XXXIII. Coup-d'œil sur l'art de

de la déclamation pour prouver cette assertion. pr 66

Lettre XXXIV. Règle qui, pour le comédien, découle du genre dramatique. Différentes espèces de rhythme dans le discours. Emploi de chacune. Différentes espèces de déclamation. Leur emploi. Espèces correspondantes du jeu du geste. La danse, le geste oratoire, le geste de la conversation. Restriction du comédien au dernier, ainsi que du poëte dramatique à la prose. 80

Lettre XXXV. Preuve de la règle donnée au comédien par la preuve de la règle donnée au poëte. Argumens qui infirment l'autorité des anciens à l'égard du drame. Ce qu'exigeoient leur théâtre & le nôtre. Argumens de M. Schlegel pour la versification & leur importance. 96

Lettre XXXVI. But de la poésie. Il ne faut point s'attacher à ce qui peut produire du plaisir en général, mais à ce qui produit une espèce déterminée de plaisir. Force du mètre. Le mètre uniforme ne convient point au drame. 112

Lettre XXXVII. Toute versification

en général est contre la nature du drame, soit que les mètres soient uniformes & variés, ou qu'ils aient de la souplesse. Preuve de cette assertion prise de la nature & du but du poëme dramatique comparés avec la nature & le but de la versification. Application au jeu du geste. p. 124

Lettre XXXVIII. Apologie du chant de l'opéra. Nouveau coup-d'œil jetté sur le drame des Grecs. Obligation du comédien de se conformer à ce que le poëte lui prescrit. --- Réponse à la question, si l'orateur sacré peut se former d'après le comédien, & comment cette étude lui est permise.
144

Lettre XXXIX. Règles pour le comédien, par rapport à l'ensemble de la pièce qui doit être représentée; tant à raison de l'ensemble de la pièce, qu'à celui des rôles. Si le succès d'une représentation prouve la bonté d'une pièce ? 156

Lettre XL. Règles par rapport à l'harmonie des moindres parties d'un rôle & des monologues. Dans le geste pittoresque il faut saisir l'ensemble, & non pas peindre les traits particuliers.

Règle de la continuité non interrompue du jeu ; de l'accord à mettre entre plusieurs mouvemens secrets, non encore développés. De la transition du repos à l'affection, & de celle-ci au repos. page 171

Lettre XLI. Réunion de plusieurs mouvemens passionnés ; des homogènes & des hétérogènes. Accroissement des passions. Exemple d'une gradation exacte. Passage des affections intuitives dans les desirs qui leur sont voisins. Division des affections hétérogènes en prochaines & éloignées. Insuffisance de certains signes caractéristiques qui les distinguent. 186

Lettre XLII. Signes différenciels véritables. Application à plusieurs exemples, sur-tout aux affections voisines de la colère. Le voisinage ou l'éloignement dépend, en général, moins de la nature des affections, que du degré de leur force. Erreur que l'usage commun de la langue peut causer ici. La facilité dans les transitions n'est pas réciproque à l'égard de toutes les affections prochaines. Loi pour la réunion des affections éloignées.

Difficulté d'un examen plus étendu de cette matière. page 201
Lettre XLIII. Exemples de tranſitions exactes par des repos & par des nuances intermédiaires. Critique de quelques exemples rapportés par Rémond de Sainte-Albine. 218
Lettre XLIV. Progreſſion de ſentimens compoſés. Aveu que cette théorie eſt très-incomplette. Réponſe à quelques objections contre la généralité de la loi indiquée. Concluſion. 237
Lettre ſur la peinture muſicale, adreſſée à M. Reichardt, Maître de Chapelle du Roi de Pruſſe; par M. Engel. 250

Fin de la Table des Matières.

DISTRIBUTION DES PLANCHES.

Tome I.

Planche	Page
1	80
2	98
3	99
4	100
5	103
6	111
7	114
8	115
9	127
10	136
11	147
12	148
13	154
14	156
15	161
16	172
17	204
18	} 217
19	
20	254
21	272
22	284
23	297

Tome II.

Planches.	Pages.
24	8
25	14
26	42
27	52
28	53
29	88
30	89
31	190
32	193
33	227
34	228

ERRATA.

TOME I.

Page 68, *note*, Tome I, p. 247 de notre Recueil : *lisez*, à la fin du Tome II de cet ouvrage.
Page 254, fig. 2 : *lisez* fig. 1.
Page 256, fig. 1 : *lisez* fig. 2.